英语教学理论与应用研究

郭忠民 ◎ 著

哈尔滨出版社

图书在版编目（CIP）数据

英语教学理论与应用研究 / 郭忠民著. —— 哈尔滨：哈尔滨出版社, 2023.3
ISBN 978-7-5484-6952-0

Ⅰ.①英… Ⅱ.①郭… Ⅲ.①英语－教学研究 Ⅳ.①H319.3

中国版本图书馆CIP数据核字(2022)第219356号

英语教学理论与应用研究

YINGYU JIAOXUE LILUN YU YINGYONG YANJIU

作　　者：郭忠民　著
责任编辑：韩金华
封面设计：文　亮

出版发行：哈尔滨出版社（Harbin Publishing House）
社　　址：哈尔滨市香坊区泰山路82-9号　　邮编：150090
经　　销：全国新华书店
印　　刷：北京宝莲鸿图科技有限公司
网　　址：www.hrbcbs.com
E - mail：hrbcbs@yeah.net
编辑版权热线：（0451）87900271　87900272

开　　本：787mm×1092mm　1/16　印张：11.5　字数：234千字
版　　次：2023年3月第1版
印　　次：2023年3月第1次印刷
书　　号：ISBN 978-7-5484-6952-0
定　　价：68.00元

凡购本社图书发现印装错误，请与本社印制部联系调换。
服务热线：（0451）87900279

前　言

　　语言作为文化的主要载体，直接反映一个民族的文化及风俗习惯，不同的语言所代表的的文化内涵具有本质性的区别。但是任何一种语言的教学，均需要注重学生的文化素养的培养，这样才能促进学生真正了解该门语言所包含的文化，同时有助于学生掌握该门语言的应用技巧。随着新课程标准的实施，学生文化素养培养被纳入教学的课程目标当中，这促使英语教师不得不注重学生文化素养的培养。鉴于此，在基础英语教学过程中，教师不仅仅需要注重学生的英语理论知识的教学，还需要在教学过程中，注重英语文化的融合，这样才能有效培养学生的英语文化素养。

　　现阶段，在基础英语教学过程中，教师不仅仅需要注重学生基本语法词汇知识的掌握，还需要注重学生英语学习兴趣的培养，尤其是在我国新课程标准实施的情况下，教师更应该注重学生文化素养的培养，只有这样，才能有助于学生今后的发展。学生文化素养的培养，能够有效提升学生掌握基础英语知识的能力，同时有助于学生英语综合能力的培养。文章深入分析现阶段我国基础英语教学当中学生文化素养培养存在的诸多问题，并提出了学生文化素养培养的具体措施，旨在促进学生英语综合能力的提升。

　　综上所述，随着英语教育改革的不断深化，在基础英语教学过程中，教师不仅仅需要注重英语基础知识的讲解，还需要注重学生英语文化素养的培养，这样才能确保学生今后能够适应社会发展需求。但是现阶段我国的基础英语教学当中对学生文化素养的培养还存在诸多不足，这就需要教师在基础英语教学过程中，采取有效措施，诸如在词汇教学环节融入英语文化、多媒体展示英语文化等，这样才能提高学生的文化素养。

目　录

第一章　基础英语教学概述 ··· 1
　　第一节　基础英语教学的内涵 ··· 1
　　第二节　基础英语教学的基本原则 ··· 11
　　第三节　基础英语教学的内容 ··· 19
　　第四节　基础英语教学策略 ··· 23

第二章　基础英语教学的理论基础 ··· 34
　　第一节　基础英语语言教学的理论基础 ··· 34
　　第二节　基础英语教学法的理论基础 ··· 43

第三章　基础英语教学的内容 ··· 54
　　第一节　基础英语教学的结构 ··· 54
　　第二节　基础英语教学的特点和要求 ··· 60
　　第三节　基础英语课堂类型 ··· 65
　　第四节　基础英语教学的构成要素 ··· 69
　　第五节　基础英语课堂教学评估策略 ··· 73

第四章　基于新课程理念的基础英语教学研究 ··· 78
　　第一节　基于新课程理念的基础英语词汇教学 ··· 78
　　第二节　基础英语新课程语法教学模式 ··· 86
　　第三节　基础英语新课程听力教学模式 ··· 88
　　第四节　基础英语新课程阅读教学模式 ··· 92
　　第五节　基础英语新课程口语教学模式 ··· 99
　　第六节　基础英语新课程写作教学模式 ··· 100
　　第七节　基础英语新课程文化导入教学研究 ··· 106
　　第八节　基础英语新课程选修课教学 ··· 111

第九节　基于新课程理念的基础任务型英语教学 ………………………… 113

第五章　基础英语课程体系建设 …………………………………………………… 122
　　第一节　基础英语口语课程建设 ……………………………………………… 122
　　第二节　基础英语教材建设 …………………………………………………… 130
　　第三节　基础英语教师团队建设 ……………………………………………… 142
　　第四节　基础英语课程资源建设 ……………………………………………… 148

第六章　基础英语新课程资源开发与课程优化 …………………………………… 153
　　第一节　基础英语新课程资源开发原则 ……………………………………… 153
　　第二节　基础英语新课程资源开发途径 ……………………………………… 155
　　第三节　基础英语课程优化的理念 …………………………………………… 162
　　第四节　基础英语课程的目标体系优化 ……………………………………… 163
　　第五节　基础英语课程优化与英语教师智能结构的建构 …………………… 168

参考文献 ……………………………………………………………………………… 174

第一章　基础英语教学概述

第一节　基础英语教学的内涵

一、英语教学的含义

外语教学是语言教学的重要组成部分，是在"教学原则指导下解决问题的职业活动"，它的"成功在于理论的正确指导，教师采用适当的教学手段"[1]，外语教学包含两个方面——教学活动和方法探索，落脚点是"改善教学效果"，"探索教学方法"是为了"提高教学质量"。然而事实上，这两个方面并不是外语教学活动的全部内容。外语教学活动的整个过程是一个教育过程，涉及教学质量和方法之外的很多因素，比如外语与母语，外语与社会文化、历史传统、民族认同乃至国家利益之间的关系等。

同时，外语教学是一项系统工程，具有自身的系统性。它既受语言教学和语言习得规律的支配，又受外语教学和外语学习规律的影响；既受教师和学生本身主观条件的制约，又受众多客观条件的局限。它不仅是对语言理论和学习理论的理解和应用，而且还是对心理学、教育学、跨文化交际学等理论的理解和应用。这些不仅是外语教育政策制定者必须关注的重要问题，也是外语学者专家必须深入研究的课题，更是外语教师必须注意的实际问题。

二、英语教学的特点

（一）英语教学的特点

1. 一个发展中的学科

作为高师和师专学科建设和教学对象的英语教学，它是一个正在发展中的学科。作为教育科学研究项目的教学，也是这样。首先，英语教学体系还不够完整，国内外的各

---

[1] keith Tohnson. 外语学习与教学导论（An Introduction to Foreign Language Learning and Teaching）[M]. 田贵森，导读. 北京：外语教学与研究出版社，2002.

种普通教科书和外语教科书，在结构和内容上都有较大差别，目前尚未形成一个相对统一的框架和相对稳定的基本内容。其次，名词术语还有待统一。例如，在学科范围之内，口语和口头、技能和能力、练习和实践等重要名词术语的使用，常常代表同一概念而不被区分。另外，在内容安排上，种属概念不分，不同层次的问题被放在一起，把适用于各科教学的教学原则（如以学生为主体，或以学生为中心的原则）同只适用于英语教学的教学原则（如交际性原则）放在同一层次上并列论述。值得注意的是，本学科在理论上尚未形成一个严格的演绎系统，在教学的研究法上，演绎法就显得过于薄弱。因此，国内出版的外语教科书中，外语教学主要流（学）派，有时排在前面，有时排在后面。

英语教学是发展中的学科，这既是其弱点，也是其长处。既然是发展中的学科，在学科建设上保守性自然就少，在本学科内实现百家争鸣，百花齐放，就更容易，也便于广泛吸收其他学科的研究成果。同时，这也有利于青年人在本学科内较快地崭露头角，后来居上。每一位青年英语教师，都不应放过在英语教学学科建设中大显身手的机会。

2. 一个多边缘的学科

正在发展中的外语教学是一个相当典型的多边缘学科，与哲学、教育学、心理学、语言学、社会学、人类学等有密切联系。

（1）哲学，特别是辩证唯物主义认识论和方法论，是我国外语教学指导思想的理论基础，是认识外语教学中各种矛盾的本质和正确地对其进行处理的根本武器。关于英语的教与学，在研究过程中，我们会碰到各种各样的现象和问题。我们怎样根据当时、当地的实际情况对现象和问题进行分析和探讨，需要掌握认识和分析问题的方法。从这个意义上来说，学好马克思列宁主义的哲学体系，以它的世界观和方法论来武装自己，也是研究所需要的，因为这种世界观和方法论是"最完整深刻而无片面性弊病的关于发展的学说"。

掌握好马克思主义的世界观和方法论，有助于我们在研究英语的教与学时客观、准确、全面、辩证地研究教与学的现象和问题，探讨教与学之间的关系，摸索教与学的规律。这样，我们才能按照学生的年龄实际、不同的心理特点、不同的语言背景、不同的个性，在不同的教学阶段、按照不同的教学目标来制定不同的具体目标和教学方法；我们才能从实际出发，辩证地看待各个教学流派，认识它们的长处，同时也理解它们的不足，并能按照教学实际，灵活地使用各种教学方法；我们也才能对国外学者的研究成果做实事求是的分析，并能按照自己的实际情况，运用他们的研究成果来进行自己按中国学生实际而设计的实验。

一些哲学家对语言的研究促成了哲学中一个分支——语言哲学（philosophy of

language）的产生。哲学家对语言的研究成果也作用于英语教学。例如，哲学家格赖斯提出了会话含义理论。在会话含义理论中，格赖斯提出了他的"合作原则"，并说明了组成此"合作原则"的四个准则，即质的准则、量的准则、相关的准则和方式的准则。格赖斯会话含义理论为我们在正确理解会话意义方面提出了原则性的意见。在英语教学中，应如何使用这些原则和准则，以达到更好的理解语言的目的，这也是英语教学要研究和探讨的问题。从这个意义上来说，哲学不但为英语教学提供了研究的方法，还提供了对教学有启发作用的理论。

（2）教育学要求把外语教学作为整个教育活动的一个组成部分，在使学生全面发展的过程中进行外语教学，把外语教学作为教育的目的，也作为教育的手段。

教育学阐述教育知识、研究教育现象、探论教育问题并揭示教育规律。英语教学属于教育范畴，教育学的原则、原理和方法对英语教学有指导作用并能在英语教学中得到应用。在研究英语教学时，我们会应用教育学的理论去处理教学中出现的问题。

教育目的、教育方针和培养目标从大的方面影响着英语教学，英语课的开设、开设的时数、开设的目的和要求无不受制于它们。在教育学中，教育要适应社会发展和学生发展，这能帮助我们更好地理解历史上的各种教学方法是怎样因社会需要而发展起来的，同时它们也可以帮助我们根据学生年龄、心理和生理发展的特点选用适当的教学内容和教学方法。教育学中所论述的教学原则也能用来设计课堂活动，这些原则包括：科学性和思想性统一的原则、理论联系实际的原则、直观性原则、启发性原则、循序渐进原则、巩固性原则、因材施教原则等。英语教学与其他学科一样都应处理好教师和学生之间、教与学之间的关系。在进行教育的过程中，教育学提出"教师主导，学生主体"的思想，它为我们正确处理教师与学生之间的关系，正确认识教师和学生在英语教学中的作用提出了原则和依据。我们可以把这些原则应用于英语教学实践，建立尊师爱生、民主平等的良好的师生关系，积极创造一个良好的语言环境，调动学生的学习积极性并激发他们学习的兴趣，把英语教学搞好。《现代教育学》中对课外教育活动的论述也给了英语教学有益的启示。在英语教学中，我们也应结合语言学习的特点，设计英语的课外活动以促进英语学习。

除了应用教育学的原理、原则之外，我们还可以应用教育测量的理论和方法去进行测试命题和测试结果的研究、英语教学实验的设计、数据的处理，并对英语教学工作进行评估等。可以说，在英语教学实践中我们都在应用教育学相关的原理、原则和方法。

（3）心理学要求在外语教学中注意智力因素、非智力因素和个性因素的和谐作用和发展，同时我们要把行为主义心理学和认知心理学的基本规律联合作为指导外语技能训练和学习能力培养的重要依据。

心理学是研究心理现象的科学，它不但对构成认识过程的感觉、知觉、记忆、思维、想象进行研究，而且还对构成个性心理的因素：需要、动机、兴趣、能力、性格等进行探讨。英语教学是教师和学生之间的教学活动，对认识过程中心理现象的理解及对学生个性心理的掌握，能帮助教师认识学习过程的特点，遵照学习英语的规律，结合学生的个性特征，寻找出能加快英语学习、帮助不同学生学习好英语的教学路子。

学习是心理学（特别是教育心理学）研究得较多的问题。不同的学者从不同的角度对学习进行了不同的实验并提出了不同的学习理论。而英语学习是人们进行学习的一种活动，它同样受学习理论影响。事实上，不同的学习理论，如斯金纳的操作条件反射论、布鲁纳的认知发现学说等，都在创建不同的英语教学过程中与不同的语言理论相结合，构成了不同的英语教学的理论依据。

心理语言学主要研究语言的学习和使用，即个体怎样理解、生成和获得语言。心理语言学关于儿童习得语言的特点的论述，如"儿童置身于语言环境是儿童习得语言的必要条件""语言的理解先于语言的生成"，这些为英语教学中教学原则的制定、教学方法的设计及第二课堂（课外活动）的开展提供了原则和理论根据。

在心理语言学中，语言知觉的认知模式和阅读过程模式的研究为英语聆听理解和阅读理解课堂教学应采用什么样的教法提供了理论依据。英语阅读的相互作用模式就是根据"图式理论"设计的英语阅读路子，而"图式理论"又源于德国的格式塔心理学派——一个很有影响的心理学派，这个例子也说明了英语教学与心理学及其分支学科之间的紧密联系。

（4）语言学要求把所教的外语看作一个复杂的体系，将语法、结构、情景、功能和意念诸方面统一起来进行教学，既进行刺激反应训练，又培养生成能力和交际能力，使学生在使用所学外语时表现出熟练性和灵活性。

语言学是研究语言系统的科学，英语教学是研究一种语言——英语的教学的学科，两者的研究都涉及语言，因此它们之间的密切关系是不言而喻的。

在语言研究的领域里，理论语言学或普通语言学研究语言的一般原则和人类语言的特点。这些原则和特点反映了人们对语言的看法，可称为语言观。人们从各个不同角度对语言的探讨加深了人们对语言特点的认识。人们对语言的不同观点、不同认识致使人们在不同的时期、按照不同的社会需要创立不同的英语教学。例如，听说法、情景法是以结构主义语言理论为基础建立起来的教学方法；认知法可以说是受乔姆斯基转换生成语言理论的影响而创立的教学方法。当然，不同英语教学方法的建立除了根据不同的语言理论外，还得依赖语言学习理论。

除了普通语言学，语言学的其他分支对英语教学也有影响。描述语言学集中研究某一语言的系统、结构，它向我们提供有关英语结构和规则的描述；英语语音学描述英语语音的特点、语音现象和语音规律；英语语法学陈述英语语法规则和英语的结构；英语词汇学对英语的词汇特点作详细的描述。这些语言学的分支能为英语教学研究提供丰富的材料，在选取英语教学内容方面，我们也可以从这些学科里找到原则和依据。

（5）社会学要求教学集体多方面和谐。师生和谐，学生之间和谐，教师与学生家长和谐，学生与家长和谐，外语教师与其他课教师和谐，各方面在心理上、认识上、情感上、行动上和谐一致。学生在外语学习中表现出强烈的自尊和自信，在学习和使用外语时有高度的自觉性和自主感，学习效率便会大大提高。

作为语言学的一个新的分支，社会语言学将语言作为一种社会现象进行研究，研究语言运用中不同的功能变体、不同的文体（style）、不同的语域（register）、不同的话语范围（domain）和不同的语码使用（code）。社会语言学唤起人们对语言得体性的注意，这一点对英语教学也是有启示作用的：英语教学应注意培养学生使用得体语言的能力。

（6）人类学要求英语教学注意文化交叉问题，在语言中教文化，在文化中教语言，使二者相互促进。文化既是英语学习的目的，又是英语学习的手段。教师对英语的讲解和学生对英语的理解，一旦提升到文化的高度，就会富有情趣，从宏观上悟透语言的本质。例如，从思维严谨的高度来学习英语的时态，就不只是学习语言，而且也学习思维方法。对于英语定语从句、名词+of+名词结构、倒装句结构等的学习，也同样如此。学英语深入文化，就自然会学习用英语想，同时在学习中开动大脑，进行思考。

人类各个民族在文化上的差异是历史、地理、经济、政治、生活方式差异的反映。英国人和中国人对"西风"和"东风"的感觉相反，因而在生活用语和文学作品中用这两个词所表达的意思就有明显的地理文化差异。

各民族的文化不只有差异，也有相同之处。英语学习从另外一个角度来说，就是要求取得文化上的认同，消除对英语格格不入的情绪。从文化的高度把握英语，情景和功能问题会迎刃而解，交际目的也易于实现。

3. 实践性很强的理论学科

英语教学实践性很强。这门学科必须对英语教学的实践有指导作用，并使学习和研究本学科的人受到实践训练，系统地学到进行英语教学工作的技能，然而英语教学学科却绝非只是应用技术之学。它对实践的指导，首先是战略上的、决策性的和方向性的。它着眼于教师的认知水平、理论水平、整体修养和素质的提高，使教师把英语教学作为科研对象，作为事业的追求目标。它所倡导的教学方法是从人出发，而不是从物出发，教师乐教带动学生乐学，化教的活动为学的活动，在教人之中教外语。英语教学学科是关于方法的学问，更是关于做人的学问，其核心是人生观问题、宇宙观问题、哲学问题。所以说这是一门理论学科。当前，英语教学学科的实际理论水平与应有的理论水平差距极大，这是本门学科建设的最大问题。

英语教学学科要面向实际，解决实际问题，而现实是五光十色的，问题是错综复杂的。作为科学形态的教学不是头痛医头，脚痛医脚的处方汇集，不是丸、散、膏、丹的用法说明。它所关注的首先是外语教学实际存在的本质问题。例如，教师本人对教师工作性质认识肤浅的问题，教师教而不学和学而不用的问题，只教语言知识、不教学习方法的问题，轻视理论研究和学习的问题等。就以常见的英语课堂纪律来说，这实际上是一个人际关系问题。英语教师不懂学生的心理，不理解学生，不尊重学生，而期望课堂教学秩序良好，岂非缘木求鱼之想？一个指责学生笨的教师，自己才是一个笨人。

教师要成为一名合格的教师。这是每位英语教师，尤其是青年教师必须达到的目标。这是一个身体力行的实践问题，又是一个认识不断深化的理论修养问题。

完善的教学学科应把实践中各种问题置于理论层面上进行研究，总体解决。理论使问题简化，方法简化，易于解决，所以理论是有实践意义的。承认英语教学学科的理论性，本学科才更有学习、研究和发展的价值。

4. 似易而实难的学科

由于英语教学是发展中的、多边缘的、实践性很强的理论学科，所以它是一个似易而实难的学科。这门学科的教学、研究、学习和著述，都有相当大的难度。难在何处？一是涉及面广：哲学、教育学、心理学、语言学、社会学等无所不包。二是时限长：教学修养难以一蹴而就。要获取全面的理论知识，积累一定的实践经验，并融会为自己的观点和方法体系，需要相当长时间的刻意修炼。三是独立性弱：英语教学学科易受语言学、心理学等相邻学科的影响，有时会造成冲击，干扰了本学科的独立发展。种种难处都要求我们在英语教学学科的研究和学习中突出教学的学科建设方法。

（二）英语教学活动与特点

不同的教学方法可以采用不同的教学活动来达到其教学目的。不同的教学活动也可以成为区别不同教学方法的依据。我们通常可以观察到的教学活动包括：课文朗读、句子翻译、课文大意译述、对话、问答、句型操练、对指令的反应、信息交流、角色扮演、用语言来解决问题和课文内容复述等。当然，不同的教学方法会采用不同形式的教学活动，这也与教学理论有关。

但我们在采用不同的教学方法时,也有可能采用同样的教学活动和形式。当然,这些活动的采用可以为不同的教学目标服务。例如,在听说法和在交际法中都会使用句型操练这一教学活动。但句型操练在听说法里是教学中最中心的活动形式,而在交际法中,它是为交际做准备的一种活动。因此,同一种教学活动可以因不同的教学目的而出现,使用于不同的教学过程中。

三、英语教学的目的

(一)教师的教学目的

教师的教学方法不仅受教师对语言和语言学习的看法的影响,而且还受制于他的教学目的。如果教师将语言看成是一门知识,他的教学目的是通过外语教学对学生在智力方面进行"模联会",使学生能阅读外语的文学作品,他便会使用语法翻译法进行教学;但如果将语言看作一种技能、一种习惯,想通过大量机械的模仿练习让学生掌握语言,他就会采用听说法、口语法或情景法去教授外语。教师的教学目的是各种各样的,它可以是培养学生的交际能力,训练学生懂得对不同的人、在不同的场合和时间说不同的话;也可以是通过教学,促使学生弄懂有关某一门外语的知识;还可以是培养学生的听、说能力或阅读能力。当然,教师所采用的教学方法也从一个侧面反映了教师的教学目的。

(二)建立具有中国特色的英语教学体系

中国是一个人口大国,具有缤纷灿烂的民族色彩和地方色彩。中国又是一个具有五千多年文明历史的大国,具有独特的文化传统和教育传统。中国还是一个社会主义大国,中国的英语教育与其他国家相比,在体制上、目的上都有自身的特色。凡此种种,都要求我们建立具有中国特色的英语教学体系。这种教学体系注重人的全面发展并考虑我国各地区和各民族的差异,比如语言和方言的差异、教学条件和环境的差异等,力求教学方法与教学目的一致,理论与实际结合。

中国的英语教学体系的建立,一方面要靠全面总结研究我国英语教学的历史经验和现实经验,另一方面则需将已有的英语教学论著进行分析研究,包括中国的和外国的论著,采精华,酿佳蜜。群策群力,从理论联系实际的角度对学科性质的英语教学著作进行研究和学习,必定会大大加快具有中国特色的英语教学体系的建立和完善。

我国有几千万学生在学习英语,规模之大,数量之多,居世界第一。实践出真知。中国的成体系的英语教学理论应该走在世界这一学术领域的前列。未来,我们不单要引进外国的英语教学法,还要"出口"中国的英语教学法。为了达到这一目的,我们的英语教学法科研队伍必须不断壮大。一切有志于祖国文化建设的外语教师,特别是在职的和未来的青年教师，都可以在这里大有作为，大有建树，实现自己的价值。

（三）提高英语教师的英语水平

英语教学法所概括的教学规律都是以学生的有效学习为依据的，也是以现代语言学对语言本质的多方面研究成果为基础的。因此，这些规律既适用于教，也适用于学；既适用于学生的学习，也适用于教师的学习。比如，教学法强调把语言作为交际工具来教、学、用，强调培养用英语想（think in English）的能力和习惯，这对于英语教师的业务进修也有重要的现实意义。在这种思想指导下，英语教师的英语进修就要由侧重语法分析和词汇辨异，转为侧重听、说、读、写。这样，进修的方向正确，事半功倍，英语水平就会不断提高。

英语教师往往是学什么就教什么，怎么学就怎么教。当一位教师以现代教学法理论为指导，认真进行教英语和学英语的实践时，他（她）就会在教和学上获得双丰收，使自己教英语的水平、学英语的水平、用英语的水平和教学法理论水平同步提高。在这里我们套用一句哲学界的说法，他（她）就由自在（in himself / herself）状态上升到自为（for himself / herself）状态，真正成了教学的主人。

英语教师若要在英语学科上有所造诣，英语教学法也许会成为一个好的向导。

四、英语教学目的的实现

英语教学是学生在教师的指导下掌握英语知识的认识活动，它的目标不仅是使学生获得英语语音、语法、词汇等知识，而且要使学生掌握听、说、读、写、译等技能，提高学生的文化素养，继而培养学生的综合语言能力及以此为基础的口语、笔语和交际能力。教学目标是教学活动的出发点和最终归宿。因此，教学目标的明确设置是教学活动的首要环节。在英语教学实践中，呈现教学目标是不可或缺的环节。通过目标的呈现，灵活地运用认知心理过程的相关理论，学生能预先激活已有的相关经验和知识信息，促进新的知识构建，激发学习的欲望与动力。为了更好地实现大纲要求的教学目标，在开展教学活动时，教师应以心理学为主要依据，将语言知识和文化知识并重，以培养学生跨文化交际能力，最终实现英语教学目标。

（一）将英语教学置于一定的语言环境中进行

教师通过创设模拟情景、提问、对话、讨论等形式使学生进行反复操练，帮助学生形成成熟的语言技能，如在课堂上多进行口头操练，并且对学生的学习成果及时进行积极性的反馈评价，调动学生的积极性和学习兴趣，在教师与学生之间建立良好合作，组织课堂教学等，都需要以心理学为依据。此外，母语与目的语国家的文化差异所引起的英语学习者的心理差异在教学中常常被忽视。从社会心理学的角度分析，英语教学过程还会牵涉社会因素和个人的感情因素。社会因素指的是社会群体对待各种语言的态度及各个民族的文化和生活方式的差异对英语教学的影响；个人的感情因素指的是个人对所学语言的态度、动力，对目的语民族的文化和生活方式的接受程度，如中国学生在学习英语时所具有的中国文化背景与英语学习中所蕴含着的英美文化背景发生碰撞时，学生所产生的相应的心理反应也会影响英语教学。因此，在教学过程中，把握学生心理对于更好地实现教学目标有着重要的意义。

（二）要将语言知识和文化知识并重

语言是文化的一种表现形式，越深刻、细致地了解所学语言国家的历史、文化、传统、风俗习惯和生活方式就越能正确理解和准确地使用这一语言，但是语言和文化都是通过后天学习而获得的。因此，教师在平时的教学中不仅要传授英语语言知识，还应引导学生有意识地学习英美国家的历史文化等背景知识，增强学生对文化差异的敏感性，并使两者相互渗透、相互补充，只有这样才能真正做到全面提高学生的英语能力，培养满足社会需要的高素质英语人才。

在英语教学中，学生是语言知识和文化知识习得的主体，作为教学主导的教师应有意识地把文化信息的渗透与语言技能的教学紧密自然地结合在一起。在帮助学生学习和掌握英语语言的同时，教师应积极引导学生自觉了解和适应英语所承载的文化，培养学生对英语文化的敏感性和洞察力。

1. 讲解法

教师根据教学内容的需要对英美文化进行讲解、阐释，使学生习得语言文化。比如，英语词汇与汉语词汇相比较存在这样几种情况：

（1）一种语言里的一些词在另一种语言里没有对应词；

（2）在两种语言里，某些词表面上似乎指同一事物或概念，其实指的是两回事；

（3）某些事物或概念在一种语言里只有一两种表达方式，而在另一语言里则有多种表达方式；

（4）某些词的基本意义大致相同，但派生意义的区别可能很大，造成这种种差异的根本原因就在于文化的不同。因此，教师在讲授词汇时，要挖掘词汇内部的文化因素，进行有目的的讲解，这样才有助于学生更加准确地理解、使用词汇，并从中习得文化。

2. 情境渗透

按照英美文化规约进行语言实际交流，特别是和以英语为母语的人士交流，这种方法就是让学生置身于一定的语言运用情境中，从而习得文化。然而，对于学生而言，在现实生活中，真正的目的语环境很少。不过，教师积极创造条件，为学生创设虚拟的、人为的目的语环境，让学生亲身体验目的语文化，还是切实可行的。具体来说，在教学中，教师不仅要让学生懂得语言形式的正确与否，而且要让学生根据具体情境选择和运用语言。

3.阅读分析法

借助英美文学作品、期刊、杂志、英文报纸习得英美文化。教师通过引导学生阅读文学作品及报纸杂志，再加以分析指导，从而帮助学生积累文化背景、社会习俗、社会关系等文化方面的材料。阅读时，学生会不由自主地进入另一种文化的氛围里，产生移情的心理体验，能设身处地地从他人的角度出发，从而更真切而深入地理解另一个民族的价值观念及信仰。

（三）要培养以"跨文化交际能力"为最终指向的分层能力

在英语教学实践中，以培养跨文化交际能力为最终指向是对教学目标中诸要素的兼收并蓄，是语言教学的最重要目标。而对于跨文化交际能力的实现，教师需要确定学生在某一阶段应达到的英语整体水平，按照学生掌握英语言语技能的三种不同层次来进行判断：领会式掌握层次、复用式掌握层次和活用式掌握层次。

（1）领会式掌握，表现为对语言言语的感知和理解。当人们听懂（听觉领会）或读懂（视觉领会）言语时，表明他已经达到领会式掌握言语技能程度。达到这一层次的学生应具有一定的阅读能力，掌握一些基本的阅读理解技能和基本的听的能力，包括辨别单词中音素和辨别语流中的音素等能力，绝大多数学生通过第一学年的学习都应达到这一层次。

（2）复用式掌握言语技能就是再现过去感知并掌握过的某些语言材料，至少在形式上已经掌握讲和写等技能，包括发音、书写等微技能和有关的语言知识。达到这一层次的学生应具有较强的阅读能力和一定的听的能力。除此之外，学生还应具备初步的写和说的能力。

（3）活用式掌握层次，是英语学习的最高层次，它以创造再现所学材料为标志。活用式掌握层次所具有的写和说的能力，已不再是简单的背书，而是实际运用英语进行交际的能力，即跨文化交际的能力。

（四）培养学生的跨文化交际意识应成为英语教学目的不可缺少的组成要素

随着我国改革开放的进一步扩大，经济全球化发展的大趋势，国际合作的日益紧密，社会对于高素质并具备跨文化交际能力人才的需求持续增长，跨文化交际能力是在设定的言语环境中，按照某一特定的交际目的学习英语，使学生最终掌握运用英语与不同文化背景的人进行交际的能力。学习语言的首要目的就是使用该语言与讲该语言的本族人进行各种形式的跨文化交际。但英语教学的跨文化性决定了这一交际能力应有更广泛的内涵，各民族人民在使用自己的语言表达思想、传递信息的过程中，也把本民族的文化传统、思维方式注入语言表达中。因此，它还是文化的储存库。

语言学习应使英语学习者在语言能力上从文化知识这一具体的层面上升到文化理解、文化洞察与分析这一更抽象、理性的层面。英语教学不应把培养具有跨文化交际能力的英语人才的教学目标仅仅定位于培养交际工具个体，还应使英语人才成为跨文化交际的使者，具有对不同文化的敏锐洞察力和分析比较能力等。同时，根据时代的发展和培养高规格人才的要求，我们还必须不断研究专业英语人才所应必备的知识结构，进一步调整和确立好学生必修和选修的课程，用以奠定较深层次的人文底蕴，为更好地实现教学目标打下良好基础。

第二节　基础英语教学的基本原则

一、遵循调动学生兴趣的原则

兴趣在英语学习中是最好的老师，是推动英语学习者不断前进的最强有力的动力。它在学生认识事物、获取知识、探求真理过程中，能够使学生体验到学习的情趣，从而能够在学习活动中变得积极主动，获得更好的学习效果。对于学习者来说，英语学习的兴趣在很大程度上决定着英语学习的成功与否。而学习兴趣又源于学习活动，那么在英语教学中，为激发学生学习英语的强烈愿望与兴趣，教师要采取一切可用的方法来实现。学习者，尤其是少年儿童，具有天然的对于英语学习的兴趣，这是因为他们对新鲜事物和异国语言与文化有好奇心。但是，在实际的英语教学中，学生的学习兴趣并未得到很好的维持，教师也未能对学生学习英语的兴趣给予进一步的激发与培养。学习者对英语学习的兴趣来自学习英语的目的、学习活动本身及由此带来的自信心和成就感。那么英语教师想要激发和培养学生学习英语的兴趣，就应在英语教学中做到以下几点：

（一）充分了解与尊重学生

1. 了解与尊重学生的生理和心理特点

学生在整个学习过程中是作为学习的主体与核心承载者存在的，因此要想培养学生的兴趣，教师首先要了解学习者的生理和心理特点，在此基础上改变传统的学习方式，让学生通过体验和实践进行学习。传统的英语教学强调学生在初级阶段要学好音标、语法与词汇，这种做法并不是说没有一定的道理，但是一些教师却把它作为英语教学的全部，这就有些不太合理，因为这种方式的教学很容易导致在英语教学中以教师为中心，使学生处于被动的状态。而实质上，教育应该是一种主动的过程，尤其是作为语言的英语教育，必须通过学习主体的积极体验、参与、实践，以及主动地尝试与创造，在认知和语言能力上获得发展。而教学中这种主动的过程需要建立在了解学习者各方面的基础上。比如，少年儿童在学习英语中具有一定的优势，如模仿力强、记忆力好、心理负担轻、求知欲强、表现欲强烈和具有创造精神等，然而他们在英语学习中也存在一定的弱势，如注意力不易集中，理解能力相对较弱，对单调的重复和机械的训练不甚喜欢等。教师如果在英语教学中只要求学生学习和理解语言的知识，背语音和语法的规则，那么他们学习语言的优势就被忽视，久而久之，就会导致他们英语成绩的下降，最终放弃英语学习。因此，英语教学必须从学生的心理和生理特点出发，遵循语言学习规律，尊重学生的整体和个体的特点，从改变学生的学习方式入手，通过听说、读写、说唱、玩演和视听等多种活动方式，来逐步培养学生的兴趣，尤其是在学习的初级阶段，这一点显得更为重要。

2. 了解和尊重学生感兴趣的问题

在英语教学中除了从学生的生理与心理特点出发以外，教师还可以采取发现和收集学生感兴趣的问题的做法，并把这些问题作为设计教学活动的素材。例如，教师在英语教学初级阶段讲授英文字母时，可以编排英语字母体操来调动学生的兴趣；在教数字时，可以请学生收集自己家里所有的数字，这一活动与学生生活密切相关，学生会比较感兴趣，这样就能很好地调动学生英语学习的兴趣，可以让一节枯燥的数字课上得热闹非凡。

3. 了解和鼓励学生的进步

善于发现学生的进步，多鼓励表扬，这是培养学生兴趣的另一个方法，这种方式可以培养学生的自信心和成就感。对于学习者来说，学习的效果可以很大程度地维持其学习兴趣，在英语教学中，教师通过奖品激励、任务激励、荣誉激励、信任激励和情感激励等多种方式，对学生所取得的进步给予鼓励，可以激发学生积极参与、大胆实践、体验成功的喜悦，这样学生兴趣在这种激励中被逐步培养起来了。

（二）加强师生之间的沟通

实践表明，一个学生对于该授课老师的态度极大地影响着其对某一门课程的喜欢程度。英语教学是师生互动的过程，教学中的知识传授和技能培养总是伴随着学生的情绪进行的。好的情绪投入学习中就会变为一种兴趣和动力。而一个班级的每个学生的背景都是不同的，他们生活的家庭与环境不同，那么如何让每个学生产生好的情绪便成为老师面临的一个问题。本书认为在教学中教师需要严格要求学生，但同时也要给学生创造一种和谐的学习氛围，平等地对待每一个学生，对学生充满爱心，通过各种形式加强与学生的沟通与交流，真心地与学生交朋友，用自己对工作、对学生的热爱去影响学生，而且教师在个性上最好要活泼，富有幽默感，从而赢得学生的尊重与喜欢。师生之间的关系和谐，学生对该门课程的兴趣也就能很轻易地被培养起来。

（三）通过教材的挖掘激发学生英语学习的兴趣

教材在英语教学中所处的地位举足轻重，教师要想最大限度地调动学生的积极性，就要在准备教学时认真地研究教材，挖掘教材中的兴趣点，以减少教材的枯燥，保持每节课的新鲜感，保证教学的内容和活动能让学生感兴趣。

（四）改变传统的英语教学与评价方式

在英语教学中要避免太过强调死记硬背、机械操练的倾向。一定的死记硬背和机械操练的活动在英语学习中并不是说要禁止，可以说，这种活动在基础英语学习中还是不可缺少的，只是一定要注意此类的活动不宜太多，尤其是在小学英语教学中。过多的机械性操练很容易导致教学的死板与乏味，容易使学生失去或降低对英语的学习兴趣。因此，在英语教学中教师应努力创设知识内容、技能实践和学习策略需要的情景，以开发学习者学习英语的思维，帮助他们加速英语知识的内化过程，使他们能够在英语交际实践中灵活运用听、说、读、写的知识与技能，最终使英语知识变为自己进行交际的工具。这样，学生不仅能够获得交际能力的提高，同时综合素质也会得到相应的提高，学生的学习兴趣在获得的效果中也会得到巩固与加强。

应试教育中，传统的英语评价方式对学生的英语学习兴趣在很大程度上有着消极的作用，这种评价方式应当改变。基础英语课程的评价应以形成性评价为主，采用的操作方式也应该是学生在平时教学活动中常见的，重视学生的态度、参与的积极性、努力的程度、交流的能力及合作的精神等。这种评价包括学生交流、观察学生的活动、学生的自评、互评等，这些方式都是比较生动活泼的。除形成性评价外，针对学习者不同阶段的考试可以一改往常笔试的形式，采用笔试与口试相结合的方式。这两种方式考查的知识点不同，但综合起来会比较全面，笔试主要考查学生听和读的技能及初步的写作能力，口试主要考查学生实际的语言应用能力。

二、遵循以交际性为目标的原则

人们通过语言来交际，而人们学习英语的首要目标就是把英语作为一种语言工具以方便交际，那么英语教学的首要目标也应是培养学生的交际能力。具体来说，学生要能够运用所学的语言知识在不同的场合、与不同的对象进行有效得体的交际。因此，在英语教学中的一个很重要的原则就是以交际性为目标，提高学生的英语水平，使其能用所学的英语与人交流。要达到这一目标应在英语教学中努力做到以下几点：

（一）正确认识英语课程的性质

要想落实交际性目标的原则，我们首先需要认清课程的性质。英语课是一种技能培养型的课程，在课堂教学中，教、学、用三个方面构成一个有机的统一体，这三者之间是一种相辅相成的关系，其中"用"在这三个方面中处于核心地位。与学习游泳、学习踢足球类似，使用英语进行交际的能力是在使用的过程中培养出来的，只有理论却没有应用，也很难达到预期的目标，因此在教学中教师应加强英语使用的力度。

（二）创设交际情景

在传统的英语教学中，很多教师只偏重语法结构的正确性，学生通过这种教学并不能具备良好的英语交际能力。要想让学生具备使用英语进行交际的能力，也就是说能够在适当的地点、适当的时间、以适当的方式、向适当的人、讲适当的话，教师就应在英语教学中创设情景，开展多种形式的交际活动，以此来提高学生英语语言应用的能力。利用语言进行的交际总是发生在特定的情景之中。情景包括时间、地点、参与者、交际方式、谈论的题目等要素，在某一特定的情景中，某些因素，如讲话者所处的时间、地点及本人的身份等都制约他说话的内容、语气等。而且，在不同的情景中，同样的一句话也可以表达不同的意义和功能。例如"Can you tell me the time？"这句话可能表示的意思就有两种，一是向别人询问时间，是一种请求的语气，二是可能表示对他人迟到的一种责备。因此，在英语教学中，教师要把教学的内容置于一种有意义的情景之中，这种做法很有必要。另外，在一定的情景之中进行的英语教学，除了可以让学生充分理解每一句话所表达的意思外，还可以使学生身临其境，提高学习英语的兴趣。因此，英语教学活动要充分结合教材的内容，利用各种教具，来开展各种情景的交际活动，这样对学生和教学都会产生有利的影响，比如可以提高学生学习英语的兴趣，也可以做到学用结合，收到不错的教学效果。另外，教师也可以设计任务型活动，让学生通过完成特定的任务来获得和积累相应的学习知识与经验，需要注意的是，这些活动需要具有交际的性质，才利于交际目标的完成。

（三）精讲的同时，要多练习

英语教学中的工作主要是讲和练，具体来说，"讲"是指讲授语言知识，"练"是指进行语言训练。在教学中，讲与练相辅相成，都必不可少。适当地讲授一些语言知识对提高英语学习的效果有很大帮助。就如同学习打篮球一样，在开始之前，老师讲解一些注意事项、打篮球的动作要领，这有助于学生篮球训练效果的提高。但英语作为语言工具首先是一种技能，技能只有通过实际训练才能真正获得。因此，对于教学中的讲与练的关系，教师必须要有正确的认识。讲解的目的在于帮助学生更好地训练。而在英语课堂中进行练习时，教师要充分考虑不同学习者的学习能力、理解能力等，然后设计适合于他们的多种形式的语言训练活动，同时在语言训练的过程中学生肯定会出现问题，这时教师要有针对性地给以点拨。当学生掌握了一定量的语言知识后，教师要进行适当的总结与归纳，以使学生的认识条理化、系统化，这又回归到了教学中的讲解工作。最后的这种归纳性的讲解有利于培养学生的语言交际能力，也有利于学生养成良好的学习与思维习惯。教师在进行了必要的讲解之后，还要给学生留出足够的训练时间以进行强化。可见，讲解与练习在教学中是互相穿插的，只是要更加注重练习。

（四）结合学生的生活来选择教学内容与活动

在进行英语教学时，教师还要考虑现实生活这个因素，因为语言总是与现实生活密切联系的。在英语教学中，教师要把语言和学生所关心的话题结合起来，给学生提供足够、内容丰富、题材广泛、贴近学生生活的信息材料，这样的材料因为具有一定的现实性，因此学生容易产生共鸣，从而会调动学生的兴趣，也能促使他们认识到学习英语的目的在于交际，而不是为了应付考试。另外，由于英语教学内容具有真实性，因此这就要求教材的语言和教师的语言也都是真实的，具体说来就是教材的语言和教师的语言不是为了方便教学而人为编写出来的，而应该是英语本族语人在交际过程中所使用的语言。

三、遵循教学灵活性的原则

在英语教学中遵循教学灵活性的原则可以保证学生在教学中的兴趣。少年儿童正处在心理与生理发育成长的阶段，他们的特点是活泼好动、易于接受新鲜事物，而对于死板机械的内容很容易失去兴趣。对于英语语言来说，它是生活的一个必要的组成部分，是一个充满活力、不断发展的开放性系统。语言本身的性质及少儿的自身特点要求我们在英语教学中要遵循教学灵活性的原则，在教学方法、语言学习和语言使用方面做到灵活多样，这样才能使英语教学富有情趣。

（一）英语教学中采用的教学方法具有灵活性

在英语教学史上出现过许多种不同的教学方法和流派，如语法翻译教学法、交际教学法、视听教学法等，但每种方法对于教学而言并不具有普遍性，它们都有其自身的优势与不足，教师应该兼收并蓄、集各家所长，切忌拘泥于某一种所谓流行的教学方法。以英语的内容为标准，我们可以把英语教学划分为两种：一种是语言知识教学，包括语音、语法、词汇等内容，不同的语音、不同的语法项目、不同的词汇所具有的特点也是不同的；另一种是语言技能教学，主要包括听、说、读、写四个方面。从学习者自身来看，他们在个体方面都存在着很大的差异。因此，在英语教学中要综合学生、教学内容及教师自身的特点，创造性地开展多种多样的教学活动，灵活运用教学方法和教学内容，保持英语教学的新鲜度与趣味性，从而使学生学习英语的热情得到激发，学习的兴趣也得到培养，逐渐探索与掌握英语语言学习的规律。

（二）英语教学中使用的语言具有灵活性

英语教学中教师不应只是让学生认真听讲和做好笔记，因为英语学习的关键在于使用，应调动学生的积极性，让其参与其中，运用英语来实现目标、达成愿望、体验成功、感受快乐。作为教师来说，要想带动学生使用英语，应通过自身灵活地使用英语来实现。比如，教师适当地用英语组织教学，用英语讲解、提问与布置作业等，这样利于学生感受到他们所学的英语是活的语言。教师还可以布置灵活性的作业，让学生在课下也灵活地使用英语，作业的布置并不是随意的，应侧重实践能力，如可以让学生用磁带录制口头作业，让学生轮流进行值日报告，陈述、评议时事、新闻等。

四、遵循输入优先的原则

（一）输入优先的理论依据

在英语教学中，输入是指学生通过听和读接触英语语言材料，输出是指学生通过说和写来对英语语言材料进行表达。心理语言学研究表明，输出建立在输入的基础之上，那么从这一方面看，输入是第一性的，输出是第二性的。而且人们在学习英语的过程中，与能表达的比起来，能理解的总是要多一些，而且语言输入的量越大，语言输出的能力也就越强。一些有关第二语言的研究在这方面也有相关的理论支持。如埃利斯在他的著作《第二语言习得研究》中，总结了第二语言习得（外语学习）中对待语言输入的行为主义、先天论和相互作用三种观点：

（1）行为主义的理论强调外部条件，它视语言为一种人类行为，并认为语言行为与其他行为一样是通过习惯养成而获得的，而习惯需要外部语言输入对学习者的刺激才能养成。因此，在行为主义学习模式中，语言输入不可缺少。

（2）语言学习的先天论与行为主义理论对立。先天论者强调人们天生具有学习语言的能力，而行为主义者强调的则是外部环境对语言学习的作用。虽然先天论者是从人的内在结构中研究语言习得的，但语言输入也起着关键性的作用，没有语言输入，语言习得机制就不能被激活，也就无法实现语言习得。因此，从语言学习先天论者的观点来看，语言输入在语言学习中也不可缺少。

（3）相互作用的观点认为，语言习得是学习者心理能力与语言环境相互作用的结果。语言学习者的语言处理加工机制受到语言输入的制约。

综上所述，在英语习得的过程中，语言输入起着十分重要的作用。因此，英语学习的成功与语言输入的量紧密相连。作为英语教师来说，应该遵循输入优先的原则，向学习者提供尽可能多的适合于他们水平的且有效的语言输入。

（二）有效英语语言输入的特点

Krashen 提出了语言学习的监控假说，这是输入优先要求的主要理论依据之一，该理论认为有效的语言输入应具备三个特点：

（1）语言材料应具有可理解性。他认为，如果学生对所输入的语言不能理解，那么这些输入是不能被接受的。

（2）语言材料应具有趣味性。所输入的语言材料要能调动起学习者的兴趣，要做到这一点，最好把他们的注意力转移到语言的意义上，使他们意识不到自己是在学外语。

（3）语言材料应具有足够的输入量。目前的外语教学对于语言输入量的重要性认识不到位。实际上，要使学习者实现对一个新句型的理解与掌握，需要数小时的泛读及许多的讨论才能完成，仅靠几个简单的练习甚至几段语言材料远远不能够达到目标。

根据有效的语言输入的特点，教师在英语教学中应该注意从几个方面努力：要通过视听、听和读多种手段，给学生尽可能多地增加可理解的语言输入，如适合学生的英语水平、具有时代特色的读物、声像材料的示范及贴近学生日常生活和学习的材料等。另外，在英语教学中，无论是教还是学，其内容都不要局限在课本之内，只依靠一本教材，即使它再好，都学不好外语。教师在所呈现的语言材料中，应该打破英语课堂内外的界限，帮助学生扩大语言接触面。输入形式上也应该多样化，使学生接触的英语有图像的、有声的、文字的等。而且语言的题材和体裁及内容要广泛，来源要多样化，这样学生才能接触到大量的不同类型的语言材料。例如，在日常生活中，尤其是在大中城市中，人们每天都会接触到许多英语，像道路标志、衣服、文具、电器等上面，就有许多英语。如果我们能利用这些来源多样、内容广泛的英语语言题材，学生们就可能很容易地在轻松的氛围中学到许多英语。

五、遵循循序渐进的原则

（一）首先开始口语的英语教学，然后逐渐过渡到书面语

在英语的口语和书面语两种形式中，位于第一位的是口语，位于第二位的是书面语。

首先，从语言发展的历史来看，先有口语后有书面语。人类在几十万年前从学会劳动的时候起，就开始说话，但是文字却到很晚才出现。口语和书面语的这种历史差别虽然不能对英语学习的顺序起到决定作用，但起码说明口语的需求比书面语的需求要早且迫切。其次，口语里出现的词汇比较常用，大都是日常生活用语，句子结构也简单，与书面语比起来更容易学习，而且通过口语的学习，学生可以尽快地获得一定的交际技能以满足日常生活所需，有利于学用结合。

（二）在语言技能的培养上，先侧重听说能力，再过渡到读写技能

英语教学中的听说教学能使学生掌握正确的语音，学到基本的词汇和基本的句子结构，这些从听说教学中掌握的技能利于读写能力的培养。英语教学从听开始，也符合中国英语教学的实际情况。在中国，对于绝大多数学生来说，英语的语言环境很难被提供，而"听"便成了他们获取英语知识和纯正的语音语调的唯一途径。而且，也只有具备了一定的听力，才能听懂别人说的英语，学生才能使用英语进行交际，在英语教学中使用英语进行的交际活动才能顺利进行。因此，在英语教学的基础阶段，教师要尽可能地为学生创造良好的听力环境，让学生在大量的"听"的环境中学习英语，提高英语听力水平，培养英语语感。英语教学中，教师可以结合听的内容，循序渐进地培养学生的口语表达能力，而不是让学生机械性地重复英语单词或句子。在英语教学中，努力让学生在一定的情境中学会表达思想，学会使用已经学过的单词和句子，这是教师应该努力的方向。听说读写作为英语的四项基本技能必须要得到全面的发展，但是在英语学习的初级阶段，教师应从"听说"开始，着手培养学生良好的听的习惯及说的能力，这样利于提高学生的素质与培养学生学习英语的兴趣，甚至对改进教学方法等也能够起到一定的作用。

（三）语言知识与技能及使用语言的能力要循环往复

英语教学中，要使学生掌握一个语言项目不可能通过一次课程就能完成，它需要进行多次的循环，而且这种循环每一次都是对前一次的深化。例如，关于名词的单复数问题，教师在刚开始时只是要求学生知道在英语中名词有单复数形式，然后随着英语学习的深入，逐渐使学生了解规则名词复数变化的规律，最后再掌握不规则名词的复数形式，通过循环往复式的学习，学生就能对名词的单复数形式掌握了。而且在具体的英语教学中，教师应该注意在学生已有的语言知识和已经熟悉的语言技能基础上，讲授新知识，培养新技能，在教授新知识的同时还必须对以前学过的内容进行复习。例如，教师可以利用学过的单词来对新的句型进行讲解，也可以用已经学过的句型来对新的单词进行讲解。

第三节 基础英语教学的内容

考查英语教学的内容，得从英语是外语教学出发。作为外语教学，我国英语教学内容自然是英语。由于语言既是文化的载体，又是文化的组成部分，按认知语言学的一种见解，语言还是认知的结果，所以当前我国研制中的基础教育英语课程标准，明确地规定了文化素质的内容和要求，这标志我国英语教学的内容是语言和文化。

一、英语教学的两块内容

目前教育部已公布了《义务教育英语课程标准（实验稿）》（本书以下简称《义教课标》）和《普通高中英语课程标准（征求意见稿）》（本书以下简称《高中课标》，前者只适用于义务教育而不用于高中，后者尚未得出"实验稿"，所以两个课程标准都是研制中的英语课程标准（本书以下简称《两个课标》）。但它们是为建立具有中国特色的基础教育课程体系而研制的，标志着我国基教英语课改的方向与目标。这两个英语课程标准为教学内容划定了五项范围。

语言技能。指听说读写四种技能及四种技能的综合运用能力。四技能既是学习内容，又是学习手段。

语言知识。指语音、词汇、语法、功能、话题五个方面，知识是语言能力的有机组成部分，是发展语言技能的重要基础。

情感态度。指兴趣、动机、自信、意志和合作精神等影响学生学习过程和学习效果的相关因素，以及在学习过程中逐渐形成的祖国意识和国际视野。

学习策略。指学生为了有效地学习和发展而采取的各种行动和步骤。英语学习策略包括认知策略、调控策略、交际策略和资源策略。

文化意识。指所学语言国家的历史、地理、风土人情、传统习俗、生活方式、文学艺术、行为规范、价值观念等。接触和了解英语国家文化有利于对英语的理解和使用，有利于加深对本国文化的理解与认识，有利于培养世界意识。

以上五项的头两项是语言内容，后三项是人文教育内容。五项内容又以分级目标形式，分别在二、五、七等目标级别里作了描述。从实施角度看，描述仍然只是给教学内容的选择划出了具体范围。但对英语教师说，根据这五项内容可以形成一个有关英语教学内容的总理念：英语课不能只教英语，还要教学习策略、情感态度和文化意识。或者说，英语学科的教学内容包含两大块：一块是英语语言，一块是与英语及与英语教学密切相关的人文内容。

二、关于人文内容

　　从人文内容看，情感态度在英语教学中反映学生主体的地位。因为只有在学习过程中通过外显的或内隐的方式从情感态度方面激发起学生的主体意识，他们才能产生学习英语的兴趣、动机、自信、意志及合作精神；这些因素的产生又反回来加强学习的主体意识。这样，人文内容便为学生学好英语建构了良好的动力系统。动力系统制约以智力为核心的操作系统，是能否学习、学好英语的关键。但是，根据我国素质教育的目的，学生主体的教育功能不只是实现个性的全面发展，而须定向于造就"有理想、有道德、有文化、有纪律"的德智体美等全面发展的社会主义事业建设者和接班人。因此，在情感态度的教学中教师要帮助学生形成热爱祖国，放眼世界的恢宏志气。

　　为此，英语教学的人文内容必须包含学习策略，从战略层次帮助学生在英语学习中发挥自己的主体性。其具体内容是如何调控好自己的思想和行为，在英语学习活动中采取省时高效并能促进自我素质教育的策略，管理好自己的学习。至于文化意识的教学则指学习英语、使用英语相关的知识并把它们融于所学的英语语言技能、能力之中，使它们既有助于学好英语，又有助于用好英语，还能直接提高学生的文化修养。这能使学生在英语学习之中就与世界沟通；在沟通中提高对中华文化的理解与认识，形成既吸收外国文化又宣传中华文化的信念。所以，关于英语教学的人文内容，可以概括为：研究学生主体地位，帮助他们发挥好主体性，从而成为学好英语、用好英语、交流中外文化的主人翁。

三、关于英语语言内容

　　从《两个课标》所提语言技能和语言知识的范围来看，本书认为这里有三个问题，值得在理念层次加以探讨。

（一）语料问题

　　语料指英语教学所用的语言材料。交际教学思想兴起之前，语料主要从英语文学名著中选取。因为文学是社会生活的窗口，学习文学材料有助于了解生活，了解人生。文学又包含了可能化解人生难解问题的意蕴，学习文学材料有助于提高人文修养，健全世界观。但20世纪中期以后，随着科技的发展，人们空间距离缩短而交往频率提高。加之，信息社会形成之后，干什么事都要求快；外语教学领域产生的交际教学思想也求快，希望只学用得到的语料，学了就用，乃至学用合一。这样，在语料选用上就选用真实语言，用以保持所用语料的真实性（authenticity），即从现实的言语交际活动中筛选适合学生使用的语料作为学习内容，而不再选用文学著作中的语料。因为文学著作的语言都是作家加工过的语言，如果将文学著作的语言直接用于交际，将妨碍沟通；若将所学文学语言转变为通俗语言后再去交际，又多费了时间。所以学真实语言被认为是一条"捷径"。并且，随着知识经济的发展和网上交流的普及，真实语言中的新词新语越来越多，从真实语言选材的思想又前进了一步；贴切学生生活，即尽可能把学生日常生活中要用到的和他们感兴趣的新鲜词语都引入教学内容。这在国内外似已成为选取英语教学内容的新"常规"。

但是，只追求语料的真实性和贴切学生生活，也存在一些问题：其一，真实语言的生成能力和规范性远远不及文学语言，而基础教育是成才的预备教育，不是成才教育；义务教育的主要目的是给发展做准备。所以，为了学生能够在不同条件下继续学好英语，教学语料选用适量的规范语言、标准语言是不可少的。其二，随着知识经济的发展，新词新语层出不穷，学生生活涉及面也越来越广，英语教学语料如果执意追求贴切学生生活，将大幅增加词语数量；一方面学生消化不了，一方面体现学习内容的教材不能相对稳定。而且我们的英语教学属于外语教学，缺乏二语教学所拥有的目的语环境，学许多新词新语并不能派上用场；等到能够用上时，已成了旧词旧语且学生也可能遗忘了。因此，在处理语料选用时，大家要处理好真实语言与文学语言这一对矛盾的两个方面。

（二）选词问题

词汇是语言的"建筑材料"，英语教学一直以词汇的多少作为衡量教学水平和目标高低的标准。但英语词汇量很大且增生很快，不过其使用面有宽有窄，因为英美人使用词的数量也不大；用词最多的人数，也才6万多个，大学生只用四到五千个或0.7万～1万个，普通工人只用两到三千个。

所以自20世纪20年代起，英／外语教学法家就提出了按使用频率选学英语词汇的理论。他们认为使用频率高的词，一般都具有含义中性、结构简单、构词力强、转义较广等等特点，可促进学习的方便，故应视学习时间和教学目的要求，选学高频率的词。几代学者还专为基础英语教学制定了从800个到5000个的许多词汇频率表。我国由原国家教委制定的《九年义务教育全日制初级中学英语教学大纲（试用）》所列词汇表，就是根据16种词汇频率表筛选出来的。由于英语教学是基础教育的组成部分，基础教育的目的是为学生的不同发展打好基础，选学生成力强的高频词汇自然是合理的，也与中小学各科教学的内容取向相符合。

但是，自从交际教学思想兴起之后，基于"学了就用"的意图，主张"按学生需要取材"，使用了需要分析。可是基础英语教学阶段学生日后使用英语的需要不太好分析，因而又着眼人际交流的时代发展，从贴切学生生活的话题选材，先选话题，再选词汇。这对"学了就用"来说是一个好策略，对于具有目的语环境的系统学习理论自然很好。但对于主要靠课堂教学学习英语的外语教学来说，就有其短。因为学生课外难有运用机会，而话题不同，学的词汇难免庞杂，很难具有高频词汇的学习优势；而且话题的事件属性是分立的，很可能形成"百科式"的语料，学习中词汇的自然复现率必然较低，其结果难免降低学习效率，欲速反迟。据上所述，本书认为，最好首先按词汇使用频率取材，再根据话题来分配、调整所选的词汇，这样可以取两者之长。

（三）语法与功能

《两个课标》都明确指出，知识是语言能力的有机组成部分，是发展语言技能的重要基础。《义教课标》解读一书还认为语言知识本身也是语言学习的目标之一。《两个课标》所提出的五项知识，语音、语法、词汇是语言的三要素，功能是语言知识的作用，话题则既给功能和词汇划定范围，并介绍人文教育的知识，为功能的发挥提供背景和语境。《两个课标》这种设计是值得肯定的。它不仅可以消除"不教语法"和淡化语言知识的歧见，还与历来把英语教学内容概括为"三要素、四技能"的经验建立一定联系。

但如何透彻理解这五个项目，还存在一些问题。本书在选词问题中已谈了词汇与话题的关系，语音方面问题较少，故这儿谈谈语法与功能的问题。

从外/英语教学看，语法一直是重要的教学内容。交际教学思想兴起之初，一些学者根据 J.Austin 关于语言具有做事功能的哲学见解，提出了意念范畴和功能范畴，似以以之取代传统的教学语法，做到"学用结合"，从而加快学会目的语的进程。但是经过长期的争论和实践检验，中外学者和教师都认为语法不可不教，只是不可按语法学科的系统去教。这样，全球便产生了多种多样的"结构—功能法"和"功能—结构法"。由于语法是从形态和结构两方面反映语言的使用规则，所以这些交际法变体的实质都可被称为"语法—语用法"。又因结构标志语言形式而功能指语言表意的作用，这些教学法又可被概括为"形式—内容法"。形式负载内容，内容活化形式，两者互相依存，教学中自然不可偏废。所以在我国英语教学实践中教师把语法看作暗线，功能看作明线。但是，形式与内容这个矛盾的主要方面该是形式还是内容？《两个课标》从语言运用的角度描述语法目标，显然是把功能作为矛盾的主要方面。参考我国中学生乃至小学生学习英语时思维发展已达较高水平，他们欠缺的是英语的语言形式，所以本书认为，在达到《两个课标》所定目标的实际操作中，形式应该是矛盾的主要方面。

第四节 基础英语教学策略

一、常用的英语教学策略

（一）以教为主的教学策略

1. 先行组织者（advance organizer）教学策略

先行组织者教学策略是奥苏伯尔意义学习理论的重要组成部分。所谓先行组织者，指在学习任务进行之前教师呈现给学生的引导性材料，目的是以旧知识导入、整合或联系任务中的新知识。

先行组织者教学策略的教学过程如下：

呈现先行组织者—复呈现学习任务和材料—扩充和完善认知结构、整个教学过程中，教师扮演材料的呈现者、知识和技能的传授者和解释者的角色。

2. 五环节（传递—接受）教学策略

该教学模式源于赫尔巴特的四段教学法，后来由苏联凯洛夫等人进行改造后传入我国，在我国广为流行，很多教师在教学中自觉不自觉地用这种方法教学。该模式以传授系统知识、培养基本技能为目标。其着眼点在于充分挖掘人的记忆力、推理能力与间接经验在掌握知识方面的作用，使学生比较快速有效地掌握更多的信息量。该模式强调教师的指导作用，认为知识是教师到学生的一种单向传递的作用，非常注重教师的权威性。

该模式根据行为心理学的原理设计，尤其受斯金纳操作性条件反射的训练心理学的影响，强调控制学习者的行为达到预定的目标。认为只要通过"联系—反馈—强化"这样反复的循环过程就可以塑造有效的行为目标。教学过程如下：

激发学习动机—复习旧课—讲授新课—运用巩固—检查效果。这种教学策略的特点是教学效率高，但不利于学生主动性的发挥。

3. 九段教学策略

这是美国教育心理学家罗伯特·加涅将认知学习理论应用于教学过程的研究而提出的一种教学策略。加涅认为，教学活动是一种旨在影响学习者内部心理过程的外部刺激，因此教学程序应当与学习活动中学习者的内部心理过程相吻合。

加涅根据这个模型提出九种教学事件的出发点是：按照学习发生的过程来组织教学，外部教学活动必须支持学生内部的学习活动。

加涅的这九种教学事件又被称为九段教学程序。因为我们可以完全按照这种顺序组织教学活动，并且由于它目前被大量应用于讲授式教学，虽然它使讲授式教学更科学化，但却使加涅的九段教学程序被误认为是以教师为中心教学程序的典型。

4. 掌握教学策略

英语教学过程是师生信息传递过程。该策略旨在把教学过程与学生的个别需要和学习特征结合起来，让大多数学生都能够掌握所教内容并达到预期教学目标。掌握教学策略反映布卢姆提出的"人人都能学习"的观点。基本过程如下：

学生定向—集体教学—形成性测验—矫正—再次评价

形成性评价是重要手段，教师利用这一手段检查学生知识与技能掌握的情况，让未能达标的学生进行矫正学习。

5. 情境—陶冶教学策略

英语教学不仅应该培养学生语言交际能力，而且应培养其积极的情感态度。情境—陶冶教学策略通过在创设的某种与现实生活类似的情境下学习，以达到陶冶修养和培养人格的目的，主要用于情感领域类的教学内容。基本过程如下：

创设情境：教师借助语言描绘、真实演示、氛围渲染等方式，为学生创设生动场景。

自主活动：教师引导学生加入各类语言活动中，促使学生在真实情景中参与各种操作活动，潜移默化进行学习。

总结转化：教师对活动加以总结，帮助学生理解内容和情感基调，促使情感与智力发展协调统一。

6. 示范—模仿教学策略

英语学习过程是学习者语言技能发展的过程。示范—模仿教学策略是英语教学中常用的策略，主要用于发展学生的语言技能。该策略包括以下四个阶段：

动作定向：教师说明要掌握的行为技能原理。

动作分解：教师引导学生模仿分解动作，修正不正确的动作，强化正确的技能动作。

自主练习：学生将单个技能整合，反复练习，使其娴熟。

技能迁移：将获得的技能结合其他技能，构成更复杂的能力。

（二）以学为主的教学策略

1. 发现学习策略

是指让学生通过自己经历知识发现的过程来获取知识、发展探究能力的学习和教学方式，是由美国哈佛大学的心理学教授布鲁纳提出的。

发现学习策略的一般步骤如下：

问题情境：提出和明确学生感兴趣的问题，使学生对问题体验到某种程度的不确定性，以激发探究的欲望。

假设检验：提供解决问题的各种假设，协助学生收集和组织可用于下结论的资料，组织学生审查有关资料，得出应有的结论。

整合与应用：引导学生运用分析思维去验证结论，最终使问题得到解决。总之，在整个问题的解决过程中，教师要向学生提供材料，让学生亲自发现应得的结论或规律，使学生成为发现者。

这种教学策略有利于培养学生的探索能力和学习兴趣，有利于知识的保持和应用，但花费时间长、效率低，对学生要求较高，较适合理科学习。布鲁纳的"发现学习"理论在当代世界上有很大的影响，虽然其中有些观点具有一定的片面性，但他强调认知、理解的作用，以及发挥学生学习的主动性等，在我国实施素质教育的今天，都是值得学习和借鉴的。

2. 支架式教学（Scaffolding Instruction）策略

这种教学策略认为，教师应该为学习者建构对知识的理解，提供一种概念框架（脚手架），它是学习者对问题的进一步理解所需要的。因此，教师事先要把复杂的学习任务分解，以便把学习者的理解逐步引向深入。这种思想源于维果茨基的"最临近发展区"（zone of proximal development，简称ZPD）理论。

支架式教学由以下几个环节组成：

搭脚手架：围绕当前学习主题，按"最邻近发展区"的要求建立概念框架。

进入情境：将学生引入一定的问题情境（概念框架中的某个节点）。

独立探索：让学生独立探索。探索内容包括：确定与给定概念有关的各种属性，并将各种属性按其重要性大小顺序排列。探索开始时要先由教师启发引导（例如演示或介绍理解类似概念的过程），然后让学生自己去分析；探索过程中教师要适时提示，帮助学生沿概念框架逐步攀升，起初的引导、帮助可以多一些，以后逐渐减少——愈来愈多地放手让学生自己探索；最后要争取做到无须教师引导，学生自己能在概念框架中继续攀升。

协作学习：进行小组协商、讨论。讨论的结果有可能使原来确定的、与当前所学概念有关的属性增加或减少，各种属性的排列次序也可能有所调整，并使原来多种意见相互矛盾且态度纷呈的复杂局面逐渐变得明朗、一致起来，在共享集体思维成果的基础上达到对当前所学概念比较全面、正确的理解，即最终完成对所学知识的意义建构。

效果评价：对学习效果的评价包括学生个人的自我评价和学习小组对个人的学习评价。评价内容包括：自主学习能力，对小组合作学习所做出的贡献，是否完成对所学知识的意义建构。

3. 抛锚式教学（Anchor Casting Teaching）策略

抛锚式教学是由美国范德堡大学的约翰·布兰斯福德教授所领导的认知和技术项目组（Cognition&Technology Group at Vanderbilt，CTGV）于20世纪80年代末至90年代初开发的一种学习和教学策略。

抛锚式教学策略是建立在真实事件或真实问题之上的，确立这类真实事件或问题被形象地比喻为"抛锚"，因为一旦这类事件或问题被确定了，整个教学内容和教学进程也就被确定了（就像轮船被锚固定了一样）。抛锚式教学策略是基于建构主义学习理论的，建构主义学习理论强调学习者要想完成对所学知识的意义建构，最好的办法就是到现实世界的真实环境中去感受、去体验，而不是在课堂上听老师介绍或者讲解这种经验。所以在进行意义建构的过程中，抛锚式教学策略始终强调学习者的主体地位，要求以学生为中心进行教学，通过学习者主动搜集和分析材料、数据，对所学习的问题要提出各种假设并努力加以验证，最后在老师的指导下和与同学的讨论中得到正确的结论。

抛锚式教学策略的步骤如下：

创设情境：使学习能在和现实情况基本一致或相类似的情境中发生。确定问题：在上述情境下，选择出与当前学习主题密切相关的真实性事件或问题作为学习的中心内容（让学生面临一个需要立即去解决的现实问题）。自主学习：不是由教师直接告诉学生应当如何去解决面临的问题，而是由教师向学生提供解决该问题的有关线索，并要特别注意发展学生的"自主学习"能力。

合作学习：讨论、交流，通过不同观点的交锋，补充、修正、加深每个学生对当前问题的理解。

效果评价：由于抛锚式教学要求学生解决面临的现实问题，学习过程就是解决问题的过程，即由该过程可以直接反映出学生的学习效果。因此对这种教学效果的评价往往不需要进行独立于教学过程的专门测验，只需在学习过程中随时观察并记录学生的表现即可。

4. 随机进入式教学（Random Access Instruction）策略

避免抽象地谈论概念的运用，而是把概念具体到一定的实例、一定的情境中，涵盖充分的实例，并涉及其他概念。同一教学内容要在不同的时间、不同的情境下，用不同方式加以呈现，从而获取对同一事物或同一问题的多方面认识与理解，强调学习者通过多次"进入"同一教学内容将能达到对该知识内容全面而深刻的意义建构[1]。

---

[1] 何少庆.英语教学策略理论与实践运用[M].杭州：浙江大学出版社，2010.

随机进入式教学策略的步骤如下：

呈现基本情境：向学生呈现与当前学习的基本内容相关的情境。随机进入学习：依据学生"随机进入"学习所选择的内容，呈现与当前学习主题不同侧面特性相关联的情境。在此过程中，教师应注意发展学生的自主学习能力，使学生逐步学会自己学习。

思维发展训练：由于随机进入学习的内容通常比较复杂，所研究的问题往往涉及许多方面，因此在这类学习中，教师还应特别注意发展学生的思维能力。

小组协作学习：围绕依据不同情境所获得的认识展开小组讨论。在讨论中，每个学生的观点在和其他学生及教师一起建立的社会协商环境中受到考察、评论。同时，每个学生也对别人的观点、看法进行思考并做出反应。学习效果评价：包括自我评价与小组评价。对学习效果的评价包括学生个人的自我评价和学习小组对个人的学习评价，评价内容包括自主学习能力、对小组协作学习所做出的贡献、是否完成对所学知识的意义建构等。

5. 启发式教学策略

西方启发式教学创始人是古希腊教育家苏格拉底。苏格拉底的启发式教学俗称"产婆术"。

教师在教学过程中根据教学任务和学习的客观规律，从学生的实际出发，采用多种方式，以启发学生的思维为核心，调动学生的学习主动性和积极性，促使他们生动活泼地学习的一种教学指导思想。主要特点是在师生探讨问题的过程中，老师通过不断地反诘学生思想中的漏洞，来促进学生更深入地思考。

6. 基于 Internet 的探究式学习策略

（1）选择课题。

（2）解释探究的程序。

（3）搜索相关的资料。

（4）形成理论，描述因果关系。

（5）说明规则，解释理论。

（6）分析探究过程。

二、探究发现教学策略分析

外语教育的根本目的在于培养和发展学生的外语素质。学生的外语素质可以概括为：外语知识与经验、外语学习的内部智力、外语思维能力、外语语言基本能力、外语交际能力和非智力因素六个方面。心理语言学研究表明，外语思维能力既是衡量外语素质高低的重要因素，同时也对外语听说读写能力的发展有着决定性影响。外语思维能力不仅与外语知识水平有关，而且受外语教学与学习模式的影响。教师在选择教学策略时，应有计划、有目的、有系统地培养学生的外语思维能力，推动学生整体外语素质的发展与提高。而学生外语思维能力的提高，有赖于学生在自我探究发现语言现象中得到培养。

英语"探究发现教学模式"指教师在学生学习英语语言时，只是给他们一些事实（例）和问题，让学生积极思考，独立探究，自行发现并掌握相应的法则和结论的一种方法。它的指导思想是以学生为主体，独立实现认识过程，即在教师的启发下，使学生自觉地、主动地探索语言认知和解决问题的方法及步骤，发现语言障碍的起因和语言的内部联系，从中找出规律，形成自己的概念。

（一）英语"探究发现教学模式"的理论依据

1. 建构主义学习理论

建构主义学习理论提倡教师指导下的、以学生为中心的学习。建构主义学习环境包含情境、协作、会话和意义建构四大要素。这样，我们就可以将与建构主义学习理论及建构主义学习环境相适应的教学模式概括为：以学生为中心，在整个教学过程中由教师起组织者、指导者、帮助者和促进者的作用，利用情境、协作、会话等学习环境要素充分发挥学生的主动性、积极性和首创精神，最终达到使学生有效地实现对当前所学知识的意义建构的目的。在这种模式中，学生是知识意义的主动建构者，而不是外界刺激的被动接受者；教师是教学过程的组织者、指导者、意义建构的帮助者、促进者，而不是知识的传授者、灌输者；教材所提供的知识不再是教师传授的内容，而是学生主动建构意义的对象；媒体也不再是帮助教师传授知识的手段、方法，而是用来创设情境、进行协作学习和会话交流，即作为学生主动学习、协作式探索的认知工具。显然，在这种场合，教师、学生、教材和媒体四要素与传统教学相比，各自有完全不同的作用，彼此之间有完全不同的关系。但是这些作用与关系是非常清楚、非常明确的，因而它们成为教学活动进程的另外一种稳定结构形式，即建构主义学习环境下的教学模式。

2. 美国教育家杜威的理论

美国实用主义教育家杜威曾认为：学校中的求知识的目的，不在于知识本身，而在于使学生自己获得知识的方法。这些观点无疑是探究发现法的思想基础。

3. 布鲁纳的"发现学习"理论

布鲁纳的教育思想"结构中心，发现中学"强调课程结构，遵循"获得—结构—转换—发现—评价"的运作程序。布鲁纳的"发现学习"重要的是培养学习者的探究精神和创新能力。而探究创新教学模式的核心是探究，注重在学习过程中质疑问难，带着问题去研究探讨，这是本模式的重要环节，通过探究达到布鲁纳的"发现学习"的效用。

（1）内部动机作用——形成学生独立学习的倾向，使学习过程实现应有的精神解放。

（2）掌握发现的方法——迁移能力的形成。

（3）培养探究的态度——知道怎样获取必要的信息，删除不必要的信息，加工信息并重组信息。

探究发现法虽是很老的一种方法，但并未确立起明确的定义。有人指其为教法，有人指其为学法，有人则主张，应把"靠发现而学习"与"以发现为目标的学习"区分开来。前者是通过发现过程进行学习的方法，而后者则是把学习发现的方法本身作为学习的目的。不过，有的人往往把两者结合起来。美国当代认知心理学家、哈佛大学教授布鲁纳认为要培养具有发明创造才能的科技人才，不但要使学生掌握学科的基本概念、基本原理，而且要发展学生对待学习的探索性态度，从而大力提倡广泛使用发现法。他指出："发现不限于寻求人类尚未知晓的事物，确切地说，它包括用自己的头脑亲自获得知识的一切方法。"他的倡导引起了人们对发现法的重新关注和研究。

（二）英语"探究发现教学模式"的结构分析

探究发现策略的运用切合课堂教学实际，利于培养和提高学生外语核心素养。为此笔者探究一种新的教学模式——"探究发现"教育模式。"探究发现"教学模式表示如下：

（1）整个教学程序为：

导入—提出假设—概括结论—评价启动—分析综合—验证假设—输出

每个环节并没有明显的界限，只是各有偏重；依据材料特点的不同，各环节也有变化。

（2）教师是教学的主导，是示范者、组织者、监听者和帮助者。学生是主体，是学习的全面参与者、实践者、体验者和成就者。师生之间的交际构成整个教学过程。

（3）教学目的是教师根据"教学大纲"和学生的实际和特点确定的，在教学中起指导作用。"探究发现教学"以培养学生语言思维能力为主线。

（4）"导入"指教师通过对教材（包括印刷品和非印刷品，如音像材料、多媒体软件等）信息媒介进行优化重组，为学生提供语言情境信息、语言信息、语用信息和文化信息。

（5）"输出"指学生通过外显的课堂参与活动、内显的思维加工过程，能够正确、得体、流利运用语言表达思想。这也是教育目的达到程度的外显，是教学效果的反馈，是教学下一环节的依据。

（6）和谐教学环境指适当的教学设施和宽松、民主的氛围。它对教学效果产生影响，而好的教学活动利于创造和谐的环境。

探究发现教学法的目标在于养成探究的思考方法，其方法为使学生透过发现的过程去认知学习的活动。现代的探究发现教学法,将方法与内容视为相辅相成的关系,所谓探究发现的方法,是将发现的过程予以教育上再编制,使其成为一般学生也能学习的途径。探究发现的方法既然是经过再发现的过程而学习,必须有充分的学习时间,根据教育专家的研究,他们认为发现教学比系统教学学习时间多,因此其学习内容、教材必须精选。再从内容说,采用发现教学法,不仅是在脑海里认知,也应认识其实感;不仅是知道其完整的结果,而对结果的手续,也应有所学习。教育上的再编制具有下列三项作用:

缩短:将原发现的冗长过程予以剪辑,变成缩短途径。

平坡:原发现的过程坡度(难度)较大,所以加以平易化,使其变成对学生稍具难度,而仍有学习的可能。

精简:削减的作用,使学生在分途上能运用选择的思考,此种思考,是发现教学方法最注重的根本作用。

学生最典型的学习过程是:①以问题意识观察具体事物。②将所得的片面知识逐渐变成现实,并透过组织以提出可能如此的假设,而此假设即成为指示学生探究的方法、方向。③依第二过程提出的假设,对应其事实而修正,以精取客观的概念。此种精取概念的作用,就是分析与综合的理论思考过程。

养成探究的思考方法:发现教学法所要培养的各种能力中最核心者不外是探究的思考能力。探究发现教学进行时,学生的探究活动过程如下,引起学习兴趣:学生面临教师设定的新奇未知情境时,既成的思考方式发生混乱,为了恢复或消除这种混乱,学生必须发出学习的兴趣与意欲。着手分析思考:学生在自己眼前所展开的几种可能行得通的途径中,洞察或展望最有可能性的途径,进而选择解决问题的假说,在各种可能性中,选择最好的解决办法。

从事理论操作:对解决的假设,要检讨其论理脉络的一贯性,或通过学生的讨论,以验证其可能性,在这之后,才能进入实际的检讨实验。

(三)英语"探究发现教学模式"的教学操作

探究发现法的基本的、典型的学习过程是:掌握学习课题(创造问题情境);制定假设,提出解决问题的各种可能的假设和答案;发现补充,修改和总结。

1. 第一环节:导引目标、创设情境

导引目标主要通过"导入新课"来完成,它是整个教学活动的开局。

(1)教师的主导作用:教师应具有亲和力,创设的氛围要有感染力,选择的内容要有吸引力,能激发学生的学习兴趣和求知的欲望,给学生学习、研究定向,为学生新旧知识、相关学科知识的联系"架桥"。

（2）学生的主体效果：对学习的内容产生浓厚的学习兴趣和强烈的学习动机，从心底发出"我要学"的欲望。

（3）操作的主要技法：教师要以真挚的情感、教学相长的态度、精湛的技能组织教学。①设疑导入法。"儿童是天生的发问家"，问题是思维的"启动器"，它能使学生的思维由潜在状态转入活跃状态，易于激发兴趣，生成探究"为什么"的好奇心理。②情境导入法，即创设一种情境，使学生如身临其境，这有利于其尽快进入学习状态。③悬念导入法。即制造一种悬念，引人入胜，使学生产生"刨根问底"的急切心情，产生一种好奇心和求知欲。理论知识内容适宜用启发讲解、提供信息、点拨指导、设疑等方法。实践体验内容适宜于创设情境、提供学具、演示实验、设计活动等方法。

2. 第二环节：提出假设、分析综合

这是模式的核心部分，是体现主体性的重要环节。

（1）教师的主导要求：教师要以"培养学生创新精神和实践能力"为主旨，训练学生自主进行研究式学习。充分发挥教师的组织调控作用，调动学生的学习积极性。利用师生合作、个体独立思考、小组讨论等形式开展研究式学习。教师要放手让学生自己去体验、去发现，教师的作用在于引导、帮助，不可包办。

（2）学生的主体效果：师生在互动中体验，在体验中发现。通过师生合作，学生间合作，动手、动口、动脑，去探索语言知识的内在结构及特点，体验知识情境的孕育、产生和发展过程。

（3）操作的主要技法：①掌握研究式学习的类型：一是找特点研究；二是按规律研究；三是发现并解决问题研究；四是实践操作研究；五是总结提炼性研究。前两者适合语法知识的探究，后三者适用于阅读篇章的分析或写作规律的探讨。②可采用"留空白"技术、合作技术进行研究体验。

3. 第三环节：概括结论、验证假设

学生经过前三个环节的研究式学习，体验和发现了一些原理和规律。教师要在本环节中进一步引导学生探究、发现，鼓励他们创新应用，实现语言的输出（output）。

（1）教师的主导要求：发挥引导、示范作用，努力为学生创造应用、实践、创新的广阔空间。发现学生初步创新的"亮点"，不求完美，只求有新意。积极鼓励学生"标新立异""奇思异想"，培养创新意识。

（2）学生的主体效果：能够联系实际运用所学知识，提高说、读、写、做的能力。敢于挑战老师、挑战书本、挑战"标准答案"，善于发现新问题，提出新见解。如阅读时，能"悟"出文章的"弦外之音"——文中没有明确表达的却又与主题有关的思想与信息,这是对文章进行的一种深刻理解和整体理解,是一种合乎逻辑的、超出读物文字符号所传递的信息而进行的逻辑推理。它包括:文中的画外之音(mean and infer)(推理能力)、文章的标题(title,headline)(归纳能力)、文章主旨和段落大意(general idea)、判断人物性格(characters)(推理、判断)和作者态度(attitude),等等。

(3)操作的主要技法:①围绕课前设计的"探究发现"展开教学活动。②教学民主平等,虚心向有创意的学生学习,积极热情地鼓励学生展示"发现成果"。

4. 第四环节:反思评价、巩固提高

课程结束前,教师指导学生对新学的内容进行回顾总结,使学生加深对新学知识的记忆、理解。培养学生总结、概括问题的能力。

(1)教师的主导要求:启发、诱导、相信、尊重学生的总结,坚持学生"无错"原则。教师要发挥示范作用,指导学生学会小结的基本方法。

(2)学生的主体效果:学生能自觉地静下心来,独自总结思考。动手画出或写出知识结构图,以写促思,以写促记,以写促学,获得成功的喜悦。

(3)操作的主要技法:①学生总结出本节课学到了哪些知识、发现了什么规律、知识间的内在联系是什么。②概括一下掌握了什么新的学习方法,总结出有哪些发现和应用。反思一下,还有哪些疑难。评价性题目有:What's your opinion towards……?What do you think we should do……?Suppose you were……, what would you do……? 这样,由浅入深,由易到难,诱导学生积极主动、兴趣盎然地思考,使学生理解层层深入,准确性不断提高,学生的思维理解能力达到最高境界,从而达到"掌握知识,发展能力,陶冶品德"的三维教学目标,促进学生的全面发展。

(四)英语"探究发现教学模式"适用范围

与传统的教学方式相比,英语"探究发现教学模式"更具有研究性学习的开放性、探究性和实践性的特点,是师生共同探索新知识的学习过程,是师生围绕解决问题共同完成研究内容的确定、方法的选择及为解决问题相互合作和交流的过程。

(1)能提高学生的智慧,发挥学生的潜力。

(2)能使学生产生学习的内在动机,增强自信心。

(3)能使学生学会发现的探究方法,培养学生提出问题、解决问题的能力和创造发明的态度。

(4)由于学生自己把知识系统化、结构化,所以能更好地理解和巩固学习的内容,并能更好地运用它。

探究发现法虽有一定的优点，但不是唯一的教法或学法，必须同其他方法结合一起使用，才能取得良好效果。有人研究指出，不能把学生的学习方法和科学家的发现方法完全等同起来；由于发现法需要向学生揭示他们必须学习的有关内容，耗时太多，是不经济的；探究发现法更适合于那些能引出多种假设、原理，能明确展开的数理学科，并不是对英语语言学习的各种课型都是有效的；由于探究发现法需要学生具有相当的知识经验和一定的思维发展水平，并不是对学生发展的任何阶段都是适用的。同时，发现法的使用，还需要逻辑较严密的教材和具有较高水平的通晓本学科科学体系的教师。

第二章 基础英语教学的理论基础

第一节 基础英语语言教学的理论基础

Hawkins(1981)提出较为正规的语言教学大概始于19世纪初,而它的发展与语言学研究的演变密切相关。不同的语言学理论如传统语法、历史语言学、结构主义语言学、转换生成语言学、功能主义语言学、交际能力理论等对于外语教学都有一定影响,其中传统语法、结构主义语言学、功能主义语言学、交际能力理论等观点对现代语言教学直接或间接地产生很大影响。

一、传统语法——语法翻译法

传统语法以希腊和罗马语法为基础,是20世纪现代语言学发端以前对语言的描写。它注重语言的正确性、规约性和优雅性等。1880年以前,古典语言(古希腊语和拉丁语)教学在欧洲一直占主导地位,其教学目的主要在于阅读古典文献,因为人们已经不再使用这种语言进行交际。语言教学以语法为主,以教师为中心,语言学习主要涉及通过大量翻译练习进行语法规则记忆,要求学生掌握语法和大量单词,但并不注重其发音,这就是语法翻译法。到了20世纪中期,语法翻译法逐步发展成译读法,该方法适当注重发音的教授和练习,强调阅读能力的培养,但语法教学作为阅读和翻译的前提,仍然占据重要地位。

在语法翻译法中,学习外语最主要的任务是语法学习,语言知识以语法点和例证形式呈现,教师以教材为蓝本,解释其中的语法点和术语;学生熟记具体规则和例子,借助双语词典翻译词、短语、句子等。一般说来,课堂讲授经历三个阶段:讲授词法、句法;采用演绎法讲授语法规则(如先讲一下语法规则的构成和用法,再举几个例子说明,并把例句译成母语)、进行语法练习。可见,语法讲解、记忆及目标语与母语之间的对译成为最主要的教学活动。因此,各种语法概念如主语、谓语、宾语、格、体等对于师生来说耳熟能详。这种方法的优势在于充分发挥了母语和翻译在教学中的作用,易于操作;

同时以教师为中心，比较容易操控课堂，但其局限性也是显而易见的，主要包括以下几个方面：过分重视语言知识的传授，忽视了语言技能（如听说能力）的培养；夸大了语法和母语在外语教学中的作用，教学过分依赖母语；教学过程比较枯燥，所举例句脱离语言实际，容易引起学生厌倦；过于重视阅读和写作，且记忆任务繁重等。后来随着语言学研究的发展，该方法受到其他教学流派的批驳。

二、结构主义语言观

美国的结构主义是共时语言学的一个分支，独立地诞生于20世纪初的美国。传统语法在欧洲一直占据统治地位，而在美国，其影响却微乎其微。此外，在美国最早对语言学感兴趣的学者是人类学家，他们发现印第安人的土著语言没有任何文字记载，当一种土著语言的最后一个使用者死去，这种语言也很快随之消亡。这让他们感觉到在消亡之前记录这些语言的迫切性。从19世纪末到20世纪中期，不论是在自然科学领域还是在人文科学领域都开展着一场结构主义革命。不少学者如帕西、斯威特、布龙菲尔德等都对语言的结构进行了分析和研究，并提出了自己的观点和理论。结构主义语言学主张把语言作为一个系统来研究，注重语音、单词、句子等语言单位在这个系统中的地位，强调语言学习的目的在于掌握这些成分。

（一）索绪尔与结构主义语言学

瑞士语言学家索绪尔是现代语言学的奠基人。尽管索绪尔在历史比较语言学，特别是在印欧比较语言学中做出重大贡献而在语言学界崭露头角，但真正使他享有"现代语言学之父"这一美称的却是他在1906年至1911年为日内瓦大学的学生开设的"普通语言学"课程。1913年他去世之后，他的两位同事根据他学生所作的笔记和他留下来的讲稿整理出了《普通语言学教程》。

索绪尔的理论是从三个方面发展起来的：语言学、社会学及心理学。在语言学方面，他受到美国语言学家辉特尼巨大的影响。辉特尼通过坚持符号的任意性这一概念来强调语言是一种系统，从而把语言学纳入正确的轨道；索绪尔还追随法国社会学家迪尔克姆，坚持认为语言是一种"社会行为"，将之与个人心理行为严格区分开来；在心理学方面，索绪尔受到奥地利心理学家弗洛伊德的深刻影响，认为"下意识"是具有连续性的。

索绪尔第一个注意到语言的复杂性。他把人类语言看作是一种非常复杂而且异质的现象。即使是一个简单的言语活动，也包含着要素独特的分布，并且可以从许多不同的甚至是互相冲突的角度去考虑。人们可以关注导致一个人在交谈过程中发出一系列声音的知觉环境。人们可以去试图分析是什么使说话者和听话者能够相互理解，找出他们赖以交流并且早已熟悉的语法和语义规则。或者，人们可以追溯语言的历史，看看这些特定的形式早在什么时候就得以通用。

索绪尔主张把语言和言语这两个不同的概念区分开来。他认为语言是抽象的语法规则系统和词汇系统，它是社会产物，不从属于某一个人。言语是说出来的话或写出来的文章，是由个人通过运用语法规则将语言单位组织起来的结果，因此言语是语言的具体体现，而语言则是对言语的抽象。虽然言语是可以直接接触到的素材，但语言学的研究对象却应是语言。他主张将内部语言学和外部语言学区别开来。他认为社会与历史等因素不会触动语言的内部系统。在他看来，语言学就是一门研究语言内部系统的科学。

他主张将共时性的研究同历时性的研究区分开来。在他之前，人们研究语言往往是纵向地追溯语言的历史，从历史的角度来解释语言现象，甚至有人认为唯有历时性的研究才是科学的。索绪尔认为对语言进行共时性的研究，即对语言做出静态描写也是一门科学，而且还优于历时性的研究，因为对说话的大众来说，历史变化是很少在考虑之列的。

索绪尔认为语言符号在构成关系系统时存在于两种关系之中，即组合关系和聚合关系之中。组合关系与语言成分的线性排列次序是一致的，而聚合关系则是以语言项目中一定成分的选择为条件的。

索绪尔认为语言是一套规则体系，而不是具体的材料。规则体系是相对固定的，约定俗成的，是语言学的研究对象[1]。

索绪尔对现代语言学的贡献还在于他确立了语言学作为一门独立的学科所必需的特点。他在《普通语言学教程》的结尾处指出："语言学的唯一的真正的对象就是语言和为语言而研究的语言。"虽然这段话的后半部分尚有争议，但它确定了语言学研究的对象和相应的研究方法，明确了语言学成为一门学科所需的特点，后来涌现出的各种学说和流派都直接或间接地受到这些观点的影响。

（二）布龙菲尔德的理论

布龙菲尔德是美国描写语言学的首要代表。他是美国语言学研究历史上的一位标志性人物，以至1933—1950年这个时期被众人称作"布龙菲尔德时代"。也正是这个时期，美国描写语言学开始正式形成并迎来了它的最初发展阶段。布龙菲尔德的《语言论》（1933）一度被大西洋两岸同时奉为科学的方法论之典范及语言学方面最伟大的著作。在布龙菲尔德看来，语言学是心理学的分支，他特别指出是心理学中带有实证论特征的行为主义的分支。行为主义是一种科学研究方法，其理论基础是认为人类无法认识他们所未经历之事。从行为主义的语言观出发，儿童对语言的学习是通过一连串的"刺激—反

---

[1] 张红玲. 跨文化外语教学 [M]. 上海：上海外语教育出版社，2007.

应—强化"来达到的,而成年人对语言的使用也是一个"刺激—反应"的过程,当行为主义者的方法论通过布龙菲尔德的著作进入语言学研究以后,在语言学研究中普遍的做法就是去接受、理解一个本族语使用者用他的语言说出的语言事实本身,而丢弃他对其语言所作的评论。这是因为只有观察了没有准备的、由说话人自然陈述的话语而做出的语言描写才是可靠的;相反,如果一个分析者通过询问说话者诸如"你能否用你的语言说……"之类的问题得到的语言描写则是不可靠的。

布龙菲尔德还谈到语言学对语言教学的应用,并对传统语法提出批评。他指出,18、19世纪的语法学家大都是在为英语制定"英语应该如何"的规则。其实,所有的变体都是真正的英语。他还认定,那些传统的语法学家大都是规定性的,企图用哲学概念规定语言范畴,因此是教条主义。这样,在语言教学中,首先应该教发音,而不是过多地去注意文字形式。关于美国的外语教学中流行的实践法,他认为学习一门语言需要不间断地在真实情景中实践与反复,而不是去教授学习者学习语法理论。那些传统的方法不仅给学生造成疑惑,而且不符合经济的原则,不会给学习者很大的帮助。

(三)乔姆斯基的转换–生成语法

20世纪50年代,以乔姆斯基为代表的语言学家在美国掀起了一场语言学革命。这场革命对语言学界影响之深、波及面之广都是前所未有的。一位语言学家这样写道:他的理论可能为人们所接受或拒绝,但不能为人们所忽视。乔姆斯基的理论不但影响语言学界,而且对认知心理学、计算机科学、二语习得理论都有重要的影响。

乔姆斯基的理论被称为转换生成语法。如果我们把乔姆斯基1957年出版的《句法结构》作为他的理论诞生的标志,在差不多半个世纪里他的理论经历了五个发展阶段,乔姆斯基不断修改自己的理论,使之更具解释性和符合经济的原则。

乔姆斯基认为,语言是一种行为,它像人类的其他行为一样,受规则的支配。人们利用语言规则,可以用有限的基本的语言单位去构造无限数量的、复杂的语言句子。人们学习语言并不是学会某个特定的句子,而是运用规则去创造和理解新的句子,这些句子可以是我们以前没有说过或看过的。规则性和创造性是语言的两个重要特征。

乔姆斯基在转换–生成语法中提出了句子的双重结构理论。他把句子结构分为表层结构和深层结构。表层结构是指句子的形式,深层结构是指句子陈述的意义。在转换–生成语法中,句法规则占据核心地位,它包括短语结构规则(重写规则)、转换规则(包括移位、删略、添加)等。在乔姆斯基看来语言生成的过程就是从深层结构到表层结构的转换过程,转换是按照转换规则来完成的。乔姆斯基在研究语言中发现儿童学习母语有其独特的地方。虽然儿童接触到的语言结构较为简单,且他们的生活条件会有差异，智力上也存在差别，但一般到了五六岁他们都能掌握母语。根据这些发现，乔姆斯基提出了语言习得理论。按乔姆斯基的理论，语言具有天赋的基础。儿童能够习得语言，而动物不能学会人类的语言，是因为儿童具有与生俱来的语言习得机制。乔姆斯基称这种人类机体的天生属性为"普遍语法"。这种普遍语法是由被乔姆斯基称为原则和参数的抽象系统组成的，普遍语法原则体现了语言的一致性，而普遍语法参数的赋值则决定了语言结构的差异性。因此，各种语言之间的差别在一定程度上可以归结为参数的不同设置。儿童说英语还是汉语，取决于他所处的语言环境和接收到的语言输入，因为某一特定语言的输入能使习得者设置使用某一语言的参数。

三、功能派的语言观

使语言学在英国成为一门公认的科学的是约翰·鲁伯特·弗斯。1944年他成为英国第一任语言学教授。伦敦的大多数大学的语言学教师都是弗斯的学生，他们的作品都反映了弗斯的观点。弗斯主要受到人类学家马林诺夫斯基的影响。继而，他又影响了他的学生——著名的语言学家韩礼德。他们三人都强调"情景语境"和"语言系统"的重要性，因此被称为系统语言学派和功能语言学派。

（一）马林诺夫斯基的理论

马林诺夫斯基自1927年开始一直在伦敦经济学院任人类学教授。他所创立的理论中，最重要的方面就是有关语言的功能的理论，这与他纯粹的人类学研究有着明显的区别。在马林诺夫斯基看来，那种把语言视为"将思想从说话人的大脑传递给听话人的大脑的手段"是一种引人误入歧途的说法。他说，语言"应该被看作是一种行为模式，而不是与思维相对应的东西"。按照马林诺夫斯基的观点，话语的意义并不来自构成话语的词的意义，而是来自话语所发生的上下文之间的关系。马林诺夫斯基的主张主要基于如下两种观察。第一，在原始社团中，因为没有文字语言，所以语言只有一种用途。第二，一切社会中儿童都是以这种方式学会语言的。马林诺夫斯基巧妙地比喻道，在儿童看来，一个名称对他所代表的人或物具有某种魔力。儿童凭借声音而行动，周围的人对他的声音做出反应，所以这些声音的意义就等于外界的反应，即人的活动。

马林诺夫斯基认为，话语常常与周围的环境紧密联系在一起，并且情景语境对于理解话语来说是必不可少的；人们无法仅仅依靠语言的内部因素来分辨话语的意义；口头话语的意义总是被情景语境决定着。马林诺夫斯基还区分了三种情景语境：①言语与当时的身体活动有直接关系的环境；②叙述环境；③言语仅被用来填补语言空白的环境——寒暄交谈。就第一种语言环境来说，马林诺夫斯基指出一个词的意义并不是由其所指的自然属性所给予的，而是通过其功能获得的，初学者学习一个词的意义的过程不是去解释这个词，而是学会使用这个词，同样，表示行为的动词，通过积极参与这个行为而获得意义。对于第二种语言环境，马林诺夫斯基进一步区分了"叙述本身所处的当时当地的环境"和"叙述涉及或所指向的环境"，第一种情况"由当时在场者各自的社会态度、智力水平和感情变化组成"，第二种情况则通过语言所指来获得意义（例如神话故事中的情境）。马林诺夫斯基坚持认为，尽管叙述的意义与语言环境没有什么关系，但却可以改变听话人的社会态度和思想感情。第三种语言环境是指一种"自由的、无目的的社会交谈"的情况。语言的这种用法并不是说与人类活动最无关，而是其意义不太可能来自使用语言的环境，而只能来自"社会交往的气氛……谈话者之间的私人交流"。例如一句客气话，它的功能与词汇的意义几乎毫不相干，马林诺夫斯基把这种话语称为"寒暄交谈"。

马林诺夫斯基在他1935年发表的《珊瑚园及其魅力》一书中进一步发展了他的语义学理论，并且提出两个新的观点。第一，他规定了语言学的研究素材，认为孤立的词不过是臆造的语言事实，不过是高级语言分析过程的产物。在他看来，真正的语言事实是在实际语言环境中使用的完整话语。第二，如果一个语音用于两种不同的语言环境，则不能称之为一个词。应该认为是两个词使用了同样的声音或是同音词。他说，要想规定一个声音的意义，就必须仔细研究它被使用时的环境。

（二）弗斯的典型情景语境

弗斯的研究则像马林诺夫斯基一样把情景语作为研究的重点。他对情景语境的定义包括整个言语的文化背景和个人的历史，而不仅仅是语言所处的语境中人们所从事的活动。弗斯发现，句子是变化无穷的，于是他提出了"典型情景语境"这一概念。这样，很多判断就可以用它来解释。对于典型情景语境，弗斯解释道，社会环境决定了人们必须扮演的社会角色，因此典型情景语境也是有限的。基于这个原因，弗斯说"与大多数人们所想象的不同，谈话更像一种大体上规定好的仪式，一旦有人向你说话，你就基本上处于一种规定好了的环境，你再也不能想说什么就说什么"。于是，弗斯还进行了更为具体和详细的语境分析。他提出在分析典型情景语境时，应同时考虑到篇章的情景、语境和语言语境：

1. 篇章本身的内部关系

（1）结构的成分间的组合关系；

（2）系统中的单位的聚合关系。

2.情景语境的内部关系

（1）篇章与非语言成分之间的关系，以及它们总的效果；

（2）篇章中的"小片段"和"大片段"（如词、词的部分、短语）与环境的特殊组成成分（如项目、物体、人物、性格、事件）之间的分析性关系。

弗斯对语言学的第二个重大贡献就是他的韵律分析法（prosodic analysis），也称韵律音系学（prosodic phonology），这是他于1948年在伦敦语言学会上提出的。英文prosody这个词在这里有着特殊的意义。人的话语是一个连续的语流，至少由一个音节组成，不能被切分为若干独立的单位。在这个语流中，要想分析各个层次上的功能，仅靠语音描写或音位描写是远远不够的。这是因为音位描写实际上只探讨了聚合关系，没有考虑组合关系。弗斯指出，在实际话语中构成聚合关系的并不是音位，而是音声单位。音声单位比音位的特征要少一些，因为有些特征是一个音节或短语（甚至句子）中的音位所共有的。这种共有特征归到组合关系中去，统称为韵律成分。

弗斯没有给韵律成分下定义，但是他的论证中描绘了韵律成分的组成，包括重读、音长、鼻化、硬腭化和送气等特征。总之，这些特征不单独存在于一个音声单位。

强调"多系统"的分析并不意味着忽视结构的分析。事实上弗斯非常重视组合关系。他认为，分析话语的基本单位不是词，而是语篇，而且是在特定环境下的语篇。把语篇拆成各种层次是为了便于研究。各个层次是从语篇中抽象出来的，因此先从哪一个层次下手都无关紧要。但是，不论先研究哪一个层次，都必须分析语篇的韵律成分。

韵律分析和音声分析都考虑到基本相同的语音事实。但是，在材料归类和揭示材料的相互关系上，韵律分析就显得优越得多。韵律分析能够在各个层次上发现更多的单位，并且力图说明这些不同层次上的单位相互关联。

（三）韩礼德的系统功能语法

韩礼德在伦敦学派中继承和发展了弗斯的理论。他的系统功能语法是一种具有社会学倾向的功能语言学处理方法，是20世纪最有影响力的语言学理论之一，同时也影响到和语言相关的不同领域，如语言教学、社会语言学、话语分析、文体学和机器翻译等。

系统功能语法有两个组成部分：系统语法和功能语法。它们是语言学理论整体框架中紧密相连不可分割的两个部分。系统语法的目标是要说明语言作为系统内部底层的关系，它是由与意义相关联的可供人们不断选择的若干子系统组成的系统网络，又称"意义潜势"。功能语法的目标是要说明语言是社会交往的手段，其基础是语言系统及其组成成分，又不可避免地由它们所提供的作用和功能所决定。

在韩礼德的早期著作中，他通过观察儿童语言发展提出语言有以下六种功能：工具功能、控制功能、表达功能、自指性功能、教导功能及想象功能。随着儿童的语言逐渐向成人语言靠拢，这些微观功能就让位于了宏观功能。宏观功能包括三大类，即概念功能、交际功能和语篇功能。概念功能描写句子的语义内容；交际功能描写说话者是怎样通过相互作用来影响对方从而达到交际效果的；语篇功能描写信息结构。概念功能主要由经验和逻辑两个系统构成。经验系统要解决意义的选择问题，这主要是由及物性系统来完成的，及物性表示动词的"过程"和所涉及的人或物之间的关系。逻辑系统处理并列、从属和同位结构中结构成分之间所具有的不同逻辑关系。

交际功能由交互作用和人物两个系统构成。交互作用系统用于描写说话者是如何在交际中相互沟通，并且是怎样通过某种约定俗成的方式来影响对方的行为，以达到一定的交际效果的。交互作用是由语气系统（通过不同的语调来表达不同的语用和言外之意）来实现的。人物系统描写说话者的情态意义，即说话者对命题的看法和评价（如可能、大概、一定等）。

语篇功能主要解决主位构造、句子命题的信息结构及句子内部或句子之间的衔接问题。系统语法把句子的主位结构分为两个部分：主位和述位。主位位于句子之首，述位随后，这是一种常见的句序，因而被称为无标记形式。相反，述位在前主位在后的句序称为有标记形式。系统语法认为主位不但可以由主语来体现，还可以由谓语、补语、助动词等来体现。信息结构指篇章中已知信息和未知信息的排列问题。所谓已知信息是指说话者认为听话者可以从前面的内容中推断出来的信息，而未知信息是说话者认为听话者不能从前面的内容中推断出来的信息。一句话中未知信息是必不可少的，而已知信息则可有可无。信息的不同组合方式构成了句子的不同信息结构。衔接指语篇中结构成分之间的连接关系。衔接通过语法手段、词汇手段和其他手段来实现。语法手段有"指代""省略""连接"等；词汇手段有词汇链条、同义词、反义词、上下义词等。具体地讲，"连接"又可分为四种逻辑关系：添加、转折、因果和时间。

语言使用者一旦在概念、交际和语篇三大功能系统中选择了适当的项目，就要在词汇语法部分选择相应的词语并把这些词语排成一定的序列。这样，说话者的意义就通过语义和词汇语法两个层次最后进入音系层次。音系层次用适当的语调、重音等来体现语言使用者的意向选择。所以，系统功能语法把语言分成五个层次：语境、意义、遣词、音的结构和语音。意义是中心层次，也是一个系统，说话者只能在意义系统中选择恰当意义。这个意义是受语境调节的。调节后的意义由词汇来体现，词汇受语法系统的控制，所以词汇要按照语法要求排成一定的序列；然后进入音的结构系统，该系统决定语调、重音及发音等。系统功能语法就是这样一种对语言系统进行描写的语法。

韩礼德对语言功能的论述从另一个角度去看待语言本质，加深了语言学界对语言的理解，也为人们此后建立功能—意念教学流派（或称交际法）提供了理论依据。一些学者从语言的社会交际功能出发，探讨语言使用者和语言使用的理论。海姆斯是此方面的一位代表人物，他针对乔姆斯基的两个概念"语言能力"和"语言运用"提出了他自己的"交际能力"的概念。

（四）奥斯丁的言语行为理论

言语在社会交际中起着什么作用，这不是一个可以用一两句话就回答得了的问题。言语有控制他人行为的作用（如可以说："To you……now up a bit……"要求别人把某物抬高一点），有影响他人思想的作用（如在演讲时），也有表达信息和情感的功能（如可以说："What a lovely day!"以表对天气的赞赏）。英国语言哲学家奥斯丁从讨论言语的作用和功能出发，提出了他的言语行为理论。他主张在研究话语的意义时不应只注意一些离开上下文而引述的陈述句，如"Snow is white."这样的话语，而要注意话语使用时的作用。就句子的作用而言，奥斯丁认为，不同种类的句子有不同的功能。陈述、报告、描述事物是一些句子的作用，但有另一些句子是被用来施行某种行为的。奥斯丁区分了两类话语：叙述句和行为句。叙述句是可以验证的，即可以是真实或错误的陈述，"Chicago is in the United States."是叙述句。而行为句则可以施行行为或用来做事，如"Look out, the train is coming."能作为警告使人注意火车的到来。

奥斯丁用了四个著名的例子来说明行为句：

（1）"I do."（用于结婚仪式过程中）

（2）"I name the ship Elizabeth."（用于命名仪式中）

（3）"I give and bequeath my watch to my brother."（用于遗嘱中）

（4）"I bet you six pence it will rain tomorrow."（用于打赌）

这四个句子都说明说话人在说这些话的时候并非做什么陈述和描写，而是在实施某一种行为，或者说是在完成某一动作，如结婚、命名、遗嘱、打赌。在日常用语中，也大量存在这种情况。如"I promise……"，"I warn……"，"I apologize……"，"I welcome……"等，这话就分别在实施"许诺""警告""道歉""欢迎"等动作。

这就使言语出现了两种情况：一种是"言有所叙"，另一种是"言有所为"。语言学家们在对"言有所叙"和"言有所为"进行大量研究（包括如何区分、如何设置言有所为的前提条件等）之后，奥斯丁终于发现"言有所叙"归根到底也是"言有所为"，就是说，陈述也好，描写也好，它们也是说话人的一种行为。于是，奥斯丁致力于建立一种新的模式来解释人们通过言语来实施的各种行为。

这种新模式认为发话人在说话时同时实施了三种行为：言内行为、言外行为和言后行为。

言内行为："说话"本身的发言，它的声音中的词汇和语法结构，以及声音中的意义。这就是以言指事。

言外行为："说话"本身也可能正在做出允诺或提出警告，即话语的施为方面，一般来说，施为性言语行为是我们在一定的语境中说了某些词语时实施的。

言后行为：是指说话带来的后果，通过我们的言语，我们使听话人受到了警告，或者使听话人接受规劝，不去做某一事件，或者使听话人去做了我们想要他去做的事等。

其区别在于，言内行为是通过说话表达字面意义，言外行为是通过字面意义表达说话人的意图[1]。说话人的意图一旦被听话人领会，便可能带来后果或变化。这便是言后行为。

虽然奥斯丁提出的行为理论，有一些看法还不是很成熟，但他的理论在语言学界引起了巨大的反响，并被一些学者如美国语言学家塞尔等发展。塞尔把奥斯丁的理论提升为一种解释人类语言交际的理论。他对说话人如何根据一定规则来施行自己要想要做的事做了较多的工作，并对言语行为进行了较系统的分类。他把言语行为分为五类：受约句、陈述句、指令句、表情句和表述句。其他一些学者对言语行为的功能分类也有自己的模式，显现出自己的特点。

言语行为理论对语言学和语言教学的发展都有着重要的影响，意念大纲的诞生与言语行为理论有着密切的关系。在语言教学和大纲设计中，言语行为经常被称为"功能"或"语言功能"。

第二节 基础英语教学法的理论基础

外语教学法是外语教学过程中的一个重要成分，是为完成教学任务、实现教师怎样教、学生怎样学及师生相互作用所采用的方式、手段和途径。各类教学理论在见解方面相互借鉴，理论内容互相融合。语言教学史上，曾先后出现过许多的英语教学法理论，如今我国仍在使用的有语法翻译法、情境法、认知法、交际法等。除此之外，还有我国学者自创的一些英语教学法。

---

1 刘小琴.应用型高校"英语语言学"教学存在的问题与对策[J].英语教师，2018（7）：56—58.

一、语法翻译法（Grammar translation Method）

（一）产生背景

语法翻译法起始于18世纪末的欧洲，它是随着现代语言作为外语进入学校课程而形成的第一个有影响的外语教学方法体系。

从16世纪到18世纪，拉丁语是欧洲学校中的一门重要课程。其时，拉丁语已不再用于日常口头交际，它之所以受到普遍重视，原因有二：首先是在文艺复兴时期崇尚古典文化、艺术的背景下，学习拉丁语是阅读拉丁语文献、继承文化遗产的重要途径。此外，18世纪在德国形成的官能心理学认为，心灵具有不同的官能（即能力），它们是心理活动的心灵力量。它认为官能可以相互分离，孤立地加以训练。受官能心理学的影响，西方教育学中出现了所谓"形式训练说"。它认为某些学科具有训练一种或几种官能的特殊价值。拉丁语被认为具有最严密、最有逻辑性的语法体系。因此，学习拉丁语被认为是训练推理能力及观察、比较和综合能力的良好方式。这样的教学目的决定了拉丁语教学法的两个重要特点，即重视阅读能力的培养和重视语法教学。

18世纪现代语言作为外语进入学校课程后，其教材编写和教学方法都大体继承了拉丁语教学法的特点。到18世纪末和19世纪中期，这种以拉丁语教学法为基础的现代语言教学法——语法翻译法便基本形成，并在相当长的时期内成为欧洲外语教学的主要方法。

（二）主要特点

19世纪的语法翻译法在教材编写和教法方面有以下几个特点：

1. 重视书面语，轻视口语

语法翻译法把口语和书面语分离开来，把阅读能力的培养当作首要的或唯一的目标。口语教学局限于使学生掌握单词的发音。用本族语组织教学、以笔头形式举例和练习，这些做法使口、笔语的分离不致给教学过程带来很大障碍，使学生有可能在不具备起码的听、说能力的条件下独立地发展阅读和翻译能力。

2. 重视语法教学

语法被当作是语言的核心，是外语学习的主要内容。语法教学又被当作是智力训练的重要手段，因此，语法翻译法把语法教学当作中心任务。它的教材对语法有详细、系统的描写，并且按照语法体系的内在结构循序渐进地编排，每一课教一个或两个语法项目。不论是分析、讲解、举例，还是翻译，甚至阅读，各种教学活动均以掌握本课的语法项目为直接目标，教学效果的评价也以掌握语法的程度为准绳。语法教学采取演绎法，先讲解语法规则，然后在练习中运用、巩固规则。

3. 充分利用本族语，以翻译为主要学习活动形式

教师用本族语组织教学，进行讲解。学生的学习活动除了背记、阅读外，主要是通过本族语和外语之间的互译来试用、巩固所学的规则和词汇。教材中每个语法项目都配有相关的翻译练习。

4. 句子是教学和练习的基本单位

19世纪语法翻译法的倡导者为了使外语学习易于进行，用句子取代了拉丁语教学法中艰深的语段材料。

随着外语教学新思潮、新流派的出现，实践中的语法翻译法也在逐渐改进。例如，从早期的完全不进行口语训练向兼顾听说训练发展；从完全利用本族语组织教学向适当使用外语课堂用语转化等。但是，这些改进并没有改变它的上述特色。

二、情境法（Situational Language Teaching Approach）

（一）情境教学法简介

情境教学法也叫视听法，主要针对听说法脱离语境、孤立地练习句型、影响学生有效使用语言能力培养的问题。20世纪50年代在法国产生了情境法。情景教学法是教师根据课文所描绘的情景，创设出形象鲜明的投影图画片，辅之生动的文学语言，并借助音乐的艺术感染力，再现课文所描绘的情景表象，师生就在此情此景之中进行着的一种情景交融的教学活动。在情境教学法中，语言被看作是与现实世界的目标和情景有关的有目的的活动。这种教学法对视觉辅助物依赖性很强，教师利用多媒体创造情景，新的语言点通过情景进行教学和操练，这样的教学法往往会让学生产生一种身临其境的感觉，同时还会激发学生学习英语的积极性和热情，帮助学生更为准确和牢固地完成对于英语知识点的记忆。

获得有价值的感性材料，可以实现英语教学理论与实践的有机结合，为英语的语言知识学习提供良好的条件。在外语教学中，良好的语言环境往往对于学习者英语的感知起到很大的促进作用。情境的创设能够加速外语与事物的联系，有助于理解所学语言；重视整体结构的对话教学，使课堂变得生动活泼，学生学得自然，表达准确。但是情境教学法的不足之处是在运用过程中，通过情景操练句型，在教学中只允许使用目的语而完全排除母语，这不利于对语言材料的彻底理解；教师若过分强调整体结构感知，就无法保证学生对语言项目的清楚认识。

情境教学法是教师根据课程内容，利用实物、图片、电教设备、动作表演及学生的

真实心理，要求学生根据实际情景进行交际学习，面对复杂多变的因素做出独立的判断和灵活的应对。它的核心在于激发学生的情感，方法是在教学过程中，教师有目的地引入或创设以形象为主体的，并具有一定情绪色彩的生动具体场景，从而引起学生的态度体验，进而帮助学生理解教材，使学生的心理机能得到发展的教学方法。

它的基本步骤是：提出情境，学习语言；听说领先，反复操练；书面练习，巩固结构。在整个教学过程中，教师不但是语言楷模，还是教学活动的设计者和指挥官。作为语言楷模，教师要以正确的、地道的英语设计学习的情境，教师的语言是学生模仿的标准。作为课堂活动的设计者和指挥官，教师要组织和控制所有的课堂活动，同时要在教学中观察学生的错误，然后考虑下一课应如何设计教学以便帮助学生改正错误。在情境法的课堂上，英语是教学语言，教师应用英语组织教学、解释语言项目和布置课下作业。但在解释语言词汇或结构时，如碰到一些难以解释的项目，教师也可使用母语讲解，但教师不鼓励学生使用母语。

（二）情境教学法在教学中的应用

教师首先根据课本中提供的图画（情景）向学生说明将要学习的内容，接着是听力训练：听对话或课文的朗读（或录音）。由于教师要求学生合书而听，在这一阶段，学生只接触到声音符号和图画提供的信息，没有与文字符号打交道。然后，教师开始对课文或对话进行讲解，并要求学生明白新的词汇和语法结构。教师用英语解释，但碰到特别困难的词汇和结构时，也可用母语讲解。在学生理解课文内容的基础上，教师指导学生对课文的重点结构进行操练。操练时，教师向学生提供一定的语言线索或情景，控制操练的内容，学生则按要求口头操练不同的语言结构。

三、认知法（Cognitive Approach）

认知法是外语教学的一种方法，所依据的观点是，语言学习是主动的心理活动而不单是形成习惯的过程。它强调学习者在运用和学习语言特别是学习语法过程中的积极作用。

认知法的教材按有利于培养学生发现和理解语言规则的原则来设计。教材中包括反映外语在不同情景中使用的电影、录像和录音等材料，以便让教师在教学时能对不同的语言结构进行不同形式的操练并创造外语环境让学生进行交际的操练。

认知法认为，在外语学习中，教学活动应以学生为中心，只有激发学生对外语的兴趣，激起他们学习上的动力，教会他们正确的学习方法，他们才能积极、主动和有创造性地学习外语。因此，在外语教学中教师是导师，引导学生解决学习上的问题，引导学生发现语言规则，创造情景让学生操练语言规则。学生是外语的积极使用者，他们在教师的指导下，发现语言规则、理解语言规则并在大量的交际活动中创造性地运用这些规则。

四、交际法（Communicative Approach）

交际法又称功能法或功能—意念法，产生于20世纪70年代初期的西欧共同体国家。交际法是人们深入研究语言功能的结果，标志着在外语教学中人们开始从只注意语言形式和结构的教学转向注意语言功能的教学。

（一）交际法简介

交际教学法是由威尔金斯提出的，其历史可以追溯到20世纪60年代，威尔金斯指出交际能力不仅仅包含语言知识，还应包括语言运用的能力，尤其应该注意语言运用的得体性，它包括对交际时间、交际场合、交际话题、交际方式等诸多因素的灵活把握和运用。交际教学法使语言教学观发生了革命性的变化，在外语教学中发挥了巨大的作用。它提倡以语言功能项目为纲，强调在语言运用中学习语言，从而实现培养交际能力的教学目的。传统的英语教学，以教师为中心，采取"满堂灌"形式，忽略了学生语言技能的培养，这种教学越来越多地表现出与实际要求的脱离。交际教学法在师生共建的课堂互动模式中给学生提供更多使用语言的机会，在继承传统教学法合理成分的基础上，将学生能够运用英语语言能力作为学习的目的。它强调交际的过程，认为有没有一个具体的目标和明确的结果并不重要。交际教学法认为语言是实现交际目的的手段，但是仅仅具有听、说、读、写能力并不一定就能准确表达意念和理解思想，因为语言的交际功能受制于语言活动的社会因素，教学过程就必须交际化。这就意味着要尽可能避免机械操练，而应该让学生到真实的或接近真实的交际场合进行练习，感受情景、意念、态度、情感和文化修养等因素如何影响语言形式的选择和语言功能的发挥。因此，老师应该借助课堂或者多媒体教学多为学生创造、提供交际情景和场合，在真正意义上实现"用语言去学"和"学会用语言"，而不是单纯的"学语言"，更不是"学习关于语言的知识"。

（二）交际教学法的特点

交际途径有两个基本观点：①外语学习者都有他特定的对外语的需要；②语言是表情达意的体系，而不仅仅是生成句子的体系，社会交际功能是语言的主要功能。因此，交际途径的教学目标在于培养学生在特定的社会环境中使用外语进行交际的能力。为了实现这个目标，交际途径在设计大纲和选择教学活动方面采取了以下措施：

1. 分析学生对外语的需要

在制定教学大纲时，首先分析学生对外语的需要，弄清楚这个学生为什么来学外语。他将来要在什么样的情景中使用外语？他将来用外语来进行什么样的活动？通过对学生需要的分析，教师就能知道这个学生需要掌握什么样的语言功能、什么样的文体和什么样的语言形式，并以此为依据制定出相应的教学大纲。这样的大纲能使学习者掌握他所需要的所有语言功能和形式，同时又避免学习他所不需要的内容。由于交际途径对学生需要的重视，"需要分析"已成为一个独立的研究课题，研究者在学生的需要分类、确定需要方法等方面进行了许多工作。

2. 以意念 / 功能为纲

交际途径认为，以语法或情景为线索组织教学内容忽视学生的特殊需要，难以培养交际能力，且有许多副作用。交际途径在其形成之初主张以学习者所要表达的内容，即意念为线索，认为这样的意念大纲更能适应学生的具体需要，更有利于培养使用语言的能力。意念大纲的一种形式是以语言使用者通过使用语言来实现的交际功能为线索，即功能大纲。交际途径的第一份具体的教学大纲正是以语言的交际功能（包括"传递和获取事实信息""表达或了解理智性态度""表达或了解情感性态度""表达和了解道德态度""使人做事""社交"六部分）为线索组织教学内容的大纲。以意念 / 功能为纲的思想是交际途径的核心，因此，交际途径也被称为"意念 / 功能途径"或"功能途径"。

3. 教学过程交际化

大纲的制定、教材的编写不是一个完整的教学体系的全部内容，交际能力的培养最后还必须在课堂教学中实现，教学过程的交际化也是交际途径的一个重要组成部分。它主要体现在以下几个方面：

（1）以语段为教学的基本单位。语言材料的选择力求真实、自然；

（2）以学生为中心，教师的重要作用是提供、组织各种活动，让学生在各种活动中学习外语；

（3）教学活动以内容为中心，大量使用信息转换、模拟情景、扮演角色、游戏等活动形式；

（4）对学生的语言错误采取容忍的态度，不频繁地纠错打断学生连续的语言表达活动。

五、任务型教学法（Task – based Approach）

（一）任务型教学法简介

任务型教学（Task-Based Language Teaching，简称 TBLT）是在 20 世纪 80 年代外语研究和实践领域提出的一个具有重要影响的语言教学模式。该教学模式就是以具体真实的任务为学习动力或动机，以完成任务的过程为学习过程，以展示任务成果的方式来体现教学的成就，从而培养学生运用英语的能力。威利斯在他的 *A Framework for Task-based Learning* 中阐述了任务的含义。他认为，任务就是学习者运用目标进行交际的一种活动，最终达到习得语言的目的。而语言学家把任务的定义概括为：交际任务是指学生在学习语言的过程中领悟、使用、输出语言和互动的课堂交际活动。其实，对于任务型教学法中任务的定义，不同的学者从不同的角度进行了不同的诠释，但有一点是一致的：任务都涉及语言的实际运用，在完成任务的过程中，人的注意力主要集中在语言的意义而不是语言形式。然而，在此，笔者想将外语课堂上任务这一概念看成学习者用目的语所进行的促进语言学习的，涉及信息理解、加工，或解决问题、决策问题的一组相互关联的、具有目标指向的课堂交际或互动活动。

（二）任务型教学法的特点

（1）互动交际性。在自然的任务活动中，运用语言，体现语言的文化特征和差异，完成任务。这一特征非常符合孩子的好动的天性，活动任务促使孩子们身体大脑活动起来，文化内容也在交际活动中活跃起来。

（2）活动真实性。真实的活动是最能激发小学生学习兴趣的学习模式，真实的活动一定含有丰富的文化内容，是实现小学生习得与学得的最佳途径[1]。

（3）关注学习过程。语言是任务活动过程的工具，文化内涵包含在语言使用当中，正确地运用语言恰当展示文化决定着任务活动完成的效果。

（4）活动任务与个人经历紧密相连。活动任务总和学生的生活经验紧密相连，这能够引起学生参与的兴趣并引发他们的思维和想象，一方面它能使得活动任务更添趣味，引发学生去探寻，另一方面它也降低了活动的难度，容易让学生获得成就感，保持活动的乐趣，进一步提高了学生对语言使用的兴趣，通过对从前经历和目的语文化的对比，加深了对两种语言的理解，培养学生对母语文化的感情，和对异族文化的更深刻的领悟，避免盲目崇拜。

六、国内现代英语教学法

20世纪90年代以来，受国外有关理论的影响，我国外语教学呈现以研究教学主体为重点的新趋向，教学活动组织也越来越强调"以学生为中心"的原则。国内英语教学界涌现一些经验型教学操作模式。

（一）张正东的外语"立体化"教学法

张正东以立足中国国情研究外语教学见长，提出了诸多务实的外语教育思想。张正

---

1 郑雨. 高校英语教学中模糊语言学的语用意义分析[J]. 西部素质教育，2015（6）：46.

东的外语立体化教学理论总原则可概括为 24 个字：自学为主，听读先行，精泛倒置，知集技循，整体多变，用中渐准。

1. 自学为主

首先培养学生自学的能力和愿学的动机；前者主要为拼读能力和语法知识，后者依靠教育作用和师生易位。

2. 听读先行

先听后读，在听读基础上写说或说写；读包含朗读、默读及理解式学习。

3. 精泛倒置

精读材料少而熟，有若酵母。粗读较多，起巩固作用；泛读多多益善。熟读极少课文，为集中讲授知识准备例子。

4. 知集技循

语言知识集中教授，力求化繁为简；言语技能螺旋循环，在新语境中熟练加深。

5. 整体多变

教学都着眼于整体的语言材料，用整体系统法处理；材料多作变化，保持一定的新鲜信息。

6. 用中渐准

不是一次学完教材的全部内容，而是先学概要，渐次充实；也不要求学多少会多少，而是由粗到细，在使用中逐渐准确、全面。

（二）王才仁的"双重活动"教学理论

1. 双重活动教学理论的主张

双重活动教学理论是王才仁所倡导的一种新型教学模式。王才仁主张教师和学生都是主体，即二主体。教师是教学过程中的引导者和助学者，通过开展师生之间的多向交际和大量的输入和输出帮助学生自主学习，营造良好的学习氛围，更好地发挥学生的主体作用，增强学生的主体意识以达到培养学生的语言交际能力的目的。

（1）课堂教学内容与教学方法。为了保证学生语言信息输入量的足够，教师常结合教材内容，适当增加一些背景知识和阅读任务；为了促进学生言语能力的发展，还有计划地教给学生一些常用生活用语。在教学实践中，始终遵循"英语双重活动教学"理念和原则，灵活运用"双重活动教学"倡导的"五步"教学模式，合理兼收并蓄"任务型"教学和传统教学中的优势成分并在教学中做到了以下几个方面：

①教学中坚持全面训练学生的听、说、读、写四项基本技能，做到听、说、读、写活动的合理安排，练习形式和手段多样化，练习内容综合化和多样化，最终使学生听、

说、读、写四种技能互相促进、协调发展。语言教师的第一任务就是要将教材活化成语言交际的原形，既要处理教材承载着的英语自身的信息，又要发掘其中的教学思想的信息，将教材中的英文文字激活为有声有情、有景有意的交际事实，引导学生说真话、做实事，进行真实思想的表达。教师在活化过程中，还要注意提高文化层次，使学生全面地、真实地认知英语语言及言语特点，充分体现课堂教学新颖性。②"英语双重活动教学理论"认为活动是转变教学方式的关键。学生听说读写的技能必须通过有效的活动来培养。因此，教师要精心设计和组织活动，要结合实际和各阶段要求，把教学师生"双主体"、教学内容和教学环境等有机联系起来进行周密的思考，找出最佳结合点，设计出符合学生和教学实际、切实有效、情景交融的活动吸引学生参加，保证活动贯穿教学过程，平均每节课有不少于 50% 的时间由学生支配。教师对学生活动的要求也随着他们认知结构和言语能力的增加而提高，以保证学生的活动次数和活动质量逐渐上升。③情景是进行言语交际活动的必要因素。在英语课堂教学中，教师创设一定的语言情景和氛围，使学生在特定的语言环境中去听、去说、去表演，使课堂教学形象化、趣味化、交际化，让学生好像身临其境，倍感亲切，从而能激发每个学生的学习兴趣，调动学生参与课堂教学活动的积极性。激发学生学习兴趣的方法有多种，例如，正确运用挂图、模型、幻灯、投影、录音机、录像（或 DVD/VCD）、多媒体等手段，为学生创设交际情景，引起学生无意注意，诱发学生愉快地参与视、听、说、写、思等感观活动，最后唤起学生的有意注意，使学生能在自然情景或模拟场景中运用生动活泼的语言进行真实感情的表达和交流。④宽松、愉悦的课堂气氛与语言环境可以使学生减少紧张和焦虑的程度，促进学生轻松、愉快参与课堂活动，充分发挥积极潜能。例如课前播放英语歌曲或英语短诗，课前五分钟让学生用英语做值日生报告或讲有趣的英语故事或猜谜语，或谈谈自己的经历、家庭、朋友、所见所闻等，这样，有助于提高学生口语表达能力，并对其表现给予鼓励和表扬，学生就会对自己更有信心，更积极参与课堂活动。尊重学生的主体地位是"英语双重活动教学"的精髓之一。在英语素质教育教学过程中，教师要以高尚的人格和渊博的学识去感染学生，要以民主、文明的风范去影响学生，用和蔼可亲的态度去鼓励学生克服困难，使学生在愉快的英语学习过程中学会做人、学会交往、学会学习，并形成乐观、积极向上的健康人格。⑤外语是一门实践性很强的课程，既需智慧，更需多练。教师要尽可能地为学生创设良好的英语语言环境，提供更多的练习平台。课后要结合实际组织各种活动，为学生提供展示才能的机会，成立活动小组，开展口语练习活动，排演英语小品，参加"英语角"交流活动，为学生建立立体语言实践活动环境，达到提高学生语言运用能力的目的。⑥在英语教育教学过程中引进了坚持科学的评价机制，遵循公正全面、鼓励、发展、形成性评价（Formative evaluation）和终结性评价（Summative evaluation）相结合等原则；坚持评价结果的全面性，既要反映学生现状又要反映学生发展潜能，如采用教师对学生进行评价、同学与同学相互评价、学生自我评价相结合的合作评价方式，切实形成以形成性评价为主、能激励学生学习兴趣、帮助培养自信心和自主发展的评价机制，促进学生综合运用语言能力的发展及健康人格的建立，以保证英语素质教育的全面实施[1]。

（2）课堂教学模式与步骤。"英语双重活动教学理论"是一个师生共为主体，以"活动"为灵魂，以培养学生英语素质，最终实现综合运用英语语言以实现初步交际的教学模式。灵活运用"英语双重活动教学"提倡的"五个步骤"是开创英语素质教育课堂的一把金钥匙。实践证明，老师运用这些步骤，学生明了这些步骤的意图，教师教得轻松，绝大部分学生学得活泼愉快，教学效果良好。根据教学内容和实际需要，在处理完一个单元的某些环节之后或处理当中，适当设置一些学生感兴趣的"驱动型任务"，让学生先进行准备，然后进行表演或展出活动，更能驱使学生主动积极地运用英语语言做事，因而它成为提高英语教学质量的重要环节。

2. 双重活动教学理论的影响

双重法是具有中国特色的外语教学理论，它吸收了国外教学理论的优点，体现了我国的外语教学特点。双重法除了有较完备的理论阐述外，还具有操作性强的特点，只要学生认真学习就能领会其要旨并能根据实际加以运用。

（三）包天仁的英语"四位一体"教学理论

1. 英语"四位一体"教学理论背景

这一教学理论首先是从中、高考复习开始，叫作英语"四位一体"中、高考复习教学方法。20世纪70年代末、80年代初的时候，包天仁开始用"四位一体"的教学方法，其学生取得了优异的高考成绩，在吉林省连续几年获得了全省单科最高分、平均分和外语专业的第一名的成绩，这证明这一教学理论比较有效果。从20世纪80年代中期开始，这一教法应用到了中考、高考英语复习中，在全国范围内的中学、大学同时展开英语教学实验，实践中积累了丰富的经验。

2. 英语"四位一体"教学法的教学模式

英语"四位一体"教学法由哪些内容组成？我们可以用"四位一体"教学法的教学模式金字塔来表示。三个主要模式是 Classroom teaching（课堂教学），Out of class study（课外学习），Daily revision（平时复习），金字塔顶端是 Exam preparation（考试准备）。

---

1 黄琼慧. 商务英语语言学的理论体系研究[J]. 开封教育学院学报，2016（2）：68—69.

这和以上讲述的顺序是相反的,现在把"课堂教学"放到底部。这就是英语"四位一体"教学理论的全部模式。

英语"四位一体"教学理论的基本特征:以知识为基础(Knowledge based),以学习为中心(Learning centered),不是以学习者为中心(Learner centered),以质量为导向(Quality oriented)和以素养为目的(Faculty aimed)。

(四)赵平的英语"十字"教学理论

英语"十字教学理论"是一种"透明"教学理论,其十字模式既是"教法",又是"学法",是传统的"语法—翻译法"和新潮的"情景—交际法"的折中产物。实践证明:该模式符合中国国情、符合中国人的英语学习规律,是一种"费时较少,收效较高"的英语教学理论。

1. 教学原则

(1)读听领先,写说跟上,全面发展。

(2)突出句法,科学识词,把握语篇。

(3)课前自学,课中共学,课后用学。

2. 教学程序

(1)译(translation),将课文口头或笔头译成汉语。师生朗读课文,并将课文口头或笔头译成汉语(先直译后意译)。然后,作为课堂练习或课后作业,师生再将课文回译成英语。最后,对照课文、校对、分析、改正回译中的与课文原文有出入的地方。

(2)听(listening),静听课文标准录音。师生首先展开书看着课文静听录音,然后再合上书静听,用心体会母语朗读者的语音、语调、语气及停顿。

(3)读(reading),同步听读课文标准录音。师生边听边读,刻意模仿母语朗读者的语音、语调和语气,力争做到自己的朗读与原声带母语朗读者在音质上、语气上、语调上、停顿上完全吻合。

(4)说(speaking),背诵和口头复述课文。师生凭记忆或借助文字、图表、实物等提示,背诵和口头复述课文。

(5)写(writing),背写和笔头复述课文。师生凭记忆或借助文字、图表、实物等提示,先背写课文后笔头复述课文。

第三章 基础英语教学的内容

第一节 基础英语教学的结构

一般来说,完整的英语教学由四个环节构成:组织英语教学、检查和复习上次课的内容、讲授新材料与布置课外作业。下文对这四个构成环节进行详细阐述。

一、组织英语教学

组织教学是构成英语教学的第一个环节。这个环节主要是为了保持安定的课堂秩序,以便于学生的注意力集中,这样才能使他们排除干扰,安静地、用心地学习,提高其学习效率,也使教学能够顺利进行。在各级学校的课堂教学中,组织教学的工作都显得非常重要,英语教学也不例外。需要特别注意的是低年级学生,他们年纪小、爱说、爱动,自我控制的能力低,注意力容易分散,这时组织教学工作显得尤其重要。

(一)组织英语教学的原则与步骤

1. 组织英语教学的原则

教学组织包括的内容有:教师角色的选择、指令的给予、活动的组织方式、如何对待精力不集中或无组织纪律性的学生、大班上课的组织方式、对教学步骤的控制方式等。每个教师都必须掌握这些问题的处理方式。下面介绍几个主要的组织英语教学的原则:

(1)交代指令适当。在英语教学中,指令是对学生活动的指导。指令并不是可以随便发布的,它须简短、清楚,适当配以演示。而且在交代指令前,教师应保证学生都已将注意力集中到教师的身上,这样才能保证指令发布的有效性。而在另一些状态下,如在混乱状态或当学生正忙着手中之事或私自交谈时,不宜发指令。

在交代活动的指令时要想保证其效果,应做到以下几点:①注意新旧知识的衔接。②交代活动的相关信息,包括方式、目的、操作步骤、时间、反馈要求等。③检查学生对指令的理解。④让学生清楚活动如何开始。⑤终止指令要清楚,同时教师要对学生的活动做出适当的评价。评价中,教师需要注意的是要采取有利于学生建立自信、发现问题并且明确改进的方式。⑥最后,要留出时间供学生提问。

（2）选择适当的英语教学活动参与模式。教学活动的载体是课堂内的参与活动,而参与模式决定着学生参与的程度。常见的参与模式有全班集体活动、同伴活动、小组活动和个人活动四种。采用什么样的模式应视学习内容而定。但是,参与模式应满足学生动手、动口的需求,因为学生是通过参与和做事来学习的,而不是通过单纯听讲来学习的。为使更多的学生参与英语教学活动,一般的主要活动模式是同伴活动或小组活动,并在活动中经常变动伙伴,以达到多数参与的目的。

（3）合理控制英语教学活动时间和参与人员。一般在英语教学中开展的活动都会有时间限定,如果学生未能在规定的时间内完成任务,教师视情况可让其继续或停止。如果让他们继续进行活动,则应明确时间界限,但在进行之前应首先了解清楚学生完成的情况,不能按时完成的原因也要了解清楚。

在完成活动的过程中,学生语言水平不一,完成同一任务所需时间也会不等。有的学生能提前完成任务,而有的却可能拖延时间。对于提前完成任务的学生,如果教师没有其他的活动安排,他们就会无事可做,有可能影响其他学生,甚至对活动失去兴趣,影响以后的教学效果。在这种情况下,教师可以通过以下安排来控制参与人员的内容进度：

①给提前完成任务的同学分配额外的活动任务。例如提前完成任务的有两个以上小组,可以将这些小组组织在一起,对照检查任务完成的情况,这就是一种额外活动的安排。②将提前完成任务的学生编到未完成任务的小组。

（4）合理摆放英语教学座次。座次的摆放对教学活动的组织影响很大。固定的座次不利于同伴活动和小组活动的开展,但活动的桌椅如摆放不合适也对活动的组织不利[1]。

2. 组织英语教学的步骤

组织教学这个环节是从上课开始,贯穿于整个教学过程中。具体来说,就是在上课的过程中,教师应随时注意组织学生专心地积极地参加教学活动,以保证英语教学的效果。

这个部分一般包括的内容有：

（1）师生相互问好,以便把学生的注意力吸引到教师身上来。

（2）教师登记学生缺席情况,以便日后为他们补习英语课程。

（3）值日生报告。

（4）宣布本节课授课内容和目的,把学生的注意力引到学习上来,并开始讲课。

---

[1] 张丽莹,于江.论《他们眼望上苍》中赫斯顿的"协合"[J].湖南医科大学学报(社会科学版),2008(6)：141—144.

上面四点中，值日生报告需要注意以下几点：

首先，值日生报告由学生轮流进行，并不固定为某一个学生。当天值日生自由选题讲2~3分钟。教师边听边记录学生错误，学生讲完后，教师将学生讲错的地方写在黑板上，以供学生改正。其次，学生在准备值日生报告时可以事先将报告内容写成文章。这一做法在某种意义上可以作为作文练习的补充。此外，这也可以作为一种个别指导的重要机会，这种机会在平时是很少有的。教师通过板书来纠正学生的错误，不仅对值日生，而且对其他学生来说，也有利于防止他们犯类似的错误[1]。

最后，要注意值日生报告的时间不要拖得太长，因为它不是上课的主要目的。这一内容总共所花时间（包括纠错在内）最好不要超过10分钟。如果时间充裕，教师也可以补充一些与值日生报告题目有关的内容，让学生听。

（二）组织英语教学需注意的问题

1.对组织英语教学要有正确的认识

谈到英语教学中的组织教学，很多人对其认识都存在误区，主要表现在以下两个方面：

（1）认为组织教学只是在课堂教学开始时进行，而且也就几分钟，其实整堂课都要随时注意组织教学，这样才能保证整堂课的顺利进行。

（2）认为组织教学就是训斥学生，这种认识显然太过片面，也不准确。

2.组织英语教学中可采用适当的方法

在目前的英语教学中，一些英语教师组织教学的方式就是说教，在实际应用中这并不是最好的方法。其实，只要教师把课组织好，循序渐进地进行教学，让学生感到课堂上有收获和进步，他们就会自觉地把注意力集中在英语的学习上。当然，也有一些具体的方法可以遵循。如在组织教学时，教师不断地向学生提出问题，进行引导；教学逐步提高要求，适当高于学生水平的要求利于学生经常处于积极状态；可以根据情况适当改变教学方式，以促使学生集中注意力；根据学生的表现，恰当地予以表扬、鼓励和批评，而以表扬为主，这样利于增强或保持学生对英语学习的信心。只要教师在英语教学中善于引导，学生是会积极配合的，那么组织教学也就不是什么问题了。

二、检查和复习上次课的内容

这个环节在保证教学的连续性方面起着重要作用。通过该环节的进行，教师可以了解到教学效果，对教学的进展情况做到心中有数。这个环节在已学内容和教学新内容之

---

[1] 王佐良.翻译：思考与试笔[M].北京：外语教学与研究出版社，1989.

间起着桥梁作用，具体来说，是已学内容的延续，为新内容的学习做准备。

（一）检查作业

检查作业常和复习巩固前次所学内容结合进行。在检查作业的同时或检查作业之后教师可以根据发现的问题补充一些练习。这些练习一方面可以巩固深化已学内容，另一方面也可以弥补薄弱环节。检查作业包括前次上课留的口头和笔头作业。笔头作业一般收齐后教师带走课后批改。口头作业常采用口头形式来检查，因为口头形式比较灵活，方式多样，在课堂中可以包括听、说、读、写多种实践活动。另外，口头作业的检查也可以口头形式为主，辅之以笔头形式。譬如在全班进行口头造句时，可要求2～3个学生到黑板上造句，这样利于比较全面地发现问题。其实，检查作业也可以说是辅导学生的常规方式。通过检查学生的作业，教师可以及时发现学生在学习中存在的问题，然后才能在课堂中有针对性地给予解决。而不同的检查方式所产生的作用也是不同的：

（1）英语课堂上集中核对学生的作业答案，可以有针对性地对典型错误进行讲评，使学生相互借鉴。

（2）英语教师详细对所有学生的作业进行检查，可以对每个学生的学习情况都有所了解，以便针对性地解决。

（3）英语教师安排学生相互检查作业，不仅对提升学生的英语水平有利，还可以培养学生发现问题的能力。

（4）英语教师当面检查学生的作业，可以对存在问题的学生进行个别辅导，便于提升班级整体的英语水平。

在检查作业时，不管是口头作业还是笔头作业，教师与学生之间都在进行着交流。在这个过程中，如果发现学生的问题，教师要实事求是地指出，同时可以帮助学生解决一部分问题，鼓励学生自行解决一部分问题，在解决问题的同时锻炼学生自主学习的能力。需要注意的是，在上交的笔头作业中，教师一般都要写评语，这时，不能随便什么话都写，比如打击学生的话语就不能写，做得再差的作业也一定有可以发现的优点。

（二）提问

对于检查和复习时进行的提问，英语教师对学生的回答可以进行评分，以作为平时成绩的记载。提问有两种，即个别提问和全班提问。提问时一般先对全班发问，后叫个别学生回答。在提问时主要有两个方面的问题需要注意：

（1）提问的项目分量要小，形式要短小简单，化整为零，以便更多的学生参与其中。提问的学生要普遍，最好能够遍布全班级，不要仅集中在几个学生身上。

（2）在提问时要对差生给予更多的关注。在英语教学中由于各种原因，总会出现一些差生，对于这些学生的英语学习，教师需要对其进行必要的教学辅导，这样才能更好地配合英语教学。例如在英语课堂中多给成绩较差的学生回答问题的机会，而刚开始向他们提出的问题一般都较简单，以利于提高他们的自信心，然后逐渐向他们提较难的问题，提高他们的英语水平，最终使他们赶上其他学生。

三、讲授新材料

讲授新的英语材料是构成英语教学的第三个环节。下面从讲授新课的内容及使用的方法来对这个环节进行详细阐释。

向学生讲授新英语课的目的主要包括两个方面：使学生感知和理解新的英语材料；使学生初步运用新的英语材料。

（一）使学生感知和理解新的英语材料

在英语教学里，教师一定要使学生对所教内容理解、明白。比如，对于所教的英语单词，教师要使学生知道它的读音和拼写，也要明白单词的意思和用法，这样的词汇积累才是有效的；对于所教的英语句子，教师要使学生接触和把握句子的读音、声调或书写形式，并明白它的意思；对于所教的英语语法，教师要使学生了解有关的语法规则及其用法。讲解需要采取一定的方式。比如可借助实物、模型、图画、手势、动作、表演、情景等，这样直观的表达，利于学生把英语句子和单词与它们所表示的事物和概念直接挂钩，便于加深学生对其的理解；可以用英语释义，必要时也可以用汉语释义，使学生最终理解所学内容；还可以用示范或举例的方法来说明，如示范发音和朗读以让学生进行模仿，列举例句以在运用中说明单词或某项语法的意义和用法等。掌握英语通常是一个理解、记忆、运用的过程，学习新的英语知识是这个过程的开始，也是完成整个过程的基础。教师讲解必须简单扼要、有重点，暂时没有用处的或学生当时不能接受的，一概不讲，这样做的目的是让学生能够先对容易的知识有初步的理解，为下一步深入的讲解做准备，能用图表和实物等直观手段的，教科书上有说明的，就不讲或少讲，以提高英语教学效率。在讲解时，教师通常用谈话方式，常提出启发性的问题，引导学生积极思维，这样利于学生自主学习能力的提高。在讲解时教师应通过有效的方法使学生在理解的同时能记住一部分或大部分内容。

（二）使学生初步运用新的英语材料

在学生对新的英语材料理解以后，教师还要使学生初步运用新材料，这样可以检查和加深学生对新材料的理解。初步运用和其他的练习比起来，是最简单的，其主要内容包括朗读、简易的替换练习、复述语法规则、回讲句子或语法的意义和举例说明单词的用法和语法规则。

对讲授新的英语材料这个环节包括的两个目的及其关系一定要正确地看待。理解是一个由浅入深、由不完善到完善的发展过程，在该过程中，理解有助于模仿、操练与应用，而反过来，模仿、操练与应用又能加深理解。知其然与知其所以然都是理解。对模仿来说，知其然是完全必要的。而对于初学英语的人，特别是年龄较小的学生，由于所学的英语知识有限，知其所以然的目标对于他们来说有时就很难达到。但经过一个阶段的模仿、操练和应用后，随着学生学习英语材料的增多，在适当的时候，在英语教师的引导下，很多学生都能够从掌握的感性材料里得出理性的认识，做到知其所以然，这有助于学习效果和质量的进一步提高。因此，我们对于理解、模仿、操练、应用之间的关系应当辩证地看待，并根据实际需要恰当地处理它们之间的关系，以帮助学生理解与初步运用所学的新材料。

四、布置课外作业

布置作业是构成英语教学的第四个环节。教师在英语课堂快结束前要根据教学的目的和课堂教学进行的情况，向学生布置家庭作业，以巩固和发展课堂教学的成果。家庭作业的布置可以帮助和指导学生的课下学习，这能给学生带来很多积极作用，比如利于充分发挥学生课后学习时间的效用，培养良好的学习习惯等。尤其是低年级学生，他们自制力和学习经验比较缺乏，布置家庭作业对他们来说更加重要。但英语教师在布置家庭作业时也不可盲目或随意，否则很容易给学生带来学习上的负担，教师需要清楚合理的家庭作业在英语教学中能起到良好的辅助作用。比如课堂上学生在某个方面表现得弱些，可以有目的地适当布置一些相应的练习，以弥补弱点；课堂上如果口语练习做得比较多，笔头练习相对地做得少，那么可以多布置一些笔头的家庭作业，以充分而有效地利用课堂教学时间，弥补笔头练习的欠缺。

这个构成环节使英语教学延续到课外，可以起到巩固和提高教学成果的作用，有时也能起到为下次课做好必要准备的效用。教师要想使课外作业达到预期的效果，应注意以下几个方面：

（1）说明作业的目的和采用的方法，如果作业需要以一种比较新的形式完成，教师要在课堂上做示范。

（2）分量适当，不给学生增加过多的学习负担，也不能时有时无，时多时少。

（3）通过课外作业的练习，帮助学生进一步掌握教师讲课的重点和难点。

（4）难度适当。

第二节　基础英语教学的特点和要求

一、英语教学的特点

（一）实践活动是英语教学的中心

英语课的性质是实践课，而不是讲演课，这是由英语教学的目的和任务决定的。英语课不论在中小学作为一门普通教育课程，还是在高等学校作为语言专业课或共同基础课，其教学的首要目的都是应用。这就要求学生要把英语作为交际工具来掌握。想要达到这一目标，教师就要在英语教学中开展实践活动。可以说，英语教学就是一个在教师指导下的人为的有计划、有系统的语言交际活动的训练过程。在所有的实践活动中，听、说、读、写的言语训练活动是主要的，语音、语法、词汇的语言知识讲授也不可缺少，但起的是辅助作用。要实现培养学生基本技能这一教学目的，只能依靠不断的大量的基本技能训练，也就是课堂中要有大量的实践活动。这一实践性特点，决定了英语课的学生人数不宜过多，以十五人的小班为宜。

（二）学生在英语教学中具有主体性

在英语教学活动中，学生是主体，教师是活动的组织者。既然这样，那么能否充分调动学生的积极性，使其在教师指导下进行尽可能多的练习活动，就成为评定英语课质量的主要标志。在现代的英语教学中，教师依然起着主导作用，只是经常表现为充分调动学生的积极性，善于把学生组织起来进行英语技能训练等。学生活动的质量在很大程度上取决于教师的组织和领导。因此这对于教师就有很多要求，比如每节课前教师必须认真备课，精心设计领导和组织学生进行练习的方式。现在衡量英语课的成败与英语教师课堂工作质量优劣的标准，并不是教师讲了多少及讲得怎样，而是把学生在教师指导下练了多少作为衡量的标准。可见，以前教师满堂灌的形式已经不适应现代的英语教学，学生逐渐在课堂中扮演主体性的角色[1]。

（三）英语气氛和环境营造的积极性

英语气氛和英语环境在英语教学中有十分重要的意义，因此，在英语教学中创造英语气氛和环境便显得非常重要。现在的很多英语教学也都在积极地往这个方向努力。学生多做英语实践练习是保证英语教学中的英语气氛和环境的一个非常主要的方面；教师

1　任丽霞，吕桂凤. 翻转课堂在大学英语教学中的应用[J]. 吉林医药学院学报，2020(1)：75—76.

在知识讲解和组织练习实践时尽可能直接用英语进行，这也能加强外语气氛。为此，教师应有计划、有步骤地向学生传授英语教学中必需的各种用语，并在自己的教学组织工作中积极地多使用，而且学生也要多用常用。当然，创造课堂教学的英语气氛和环境，多使用英语课堂用语并不是主要的方面，其实，在整个教学过程中尽量少用汉语和翻译更能保证英语环境的营造。此外，教师熟练地掌握英语和教学技巧，也能在教学中营造出英语气氛。

（四）汉语对英语课堂教学影响的迁移性

在谈到母语和英语之间的关系时，人们经常谈到的是"迁移"的问题。迁移本来是一个心理学术语，在教学中，它指学习过程中学习者已有的知识或技能会对新知识或技能的获得产生影响。20世纪50年代，迁移理论被吸纳进语言教学研究，认为母语迁移会对英语学习产生影响。在英语学习中，迁移指"一种语言对学习另一种语言产生的影响"。在英语学习中，迁移经常被学习者作为一种学习策略来采用，它指学习者利用已知的语言知识去理解新的语言，尤其是在英语学习的初级阶段，这种现象出现得最为频繁，究其原因，在于学习者还不熟悉英语的语法规则，此时只有汉语可以依赖，汉语的内容就很容易被迁移到英语之中。汉语的迁移可以分为两个方面，即正迁移和负迁移。这两种类型在英语课堂教学中有着不同的作用，具体来说，正迁移对于英语的学习有正面的影响，负迁移对于英语的学习有负面的影响。而对于正、负迁移产生的情况，有些学者有过相关的阐述。

1. 汉语词汇和基本语法对英语课堂教学产生迁移性的影响

中国人的母语是汉语，学生一般在少年儿童时期就已经开始学习英语，这时，他们已经掌握了大量的汉语词汇和基本语法，具备了使用汉语进行听说和读写的能力，也能够比较好地使用汉语进行交际。而英语对他们来说是一门外语，且是要学习的目标语。因此，汉语对英语教学有着迁移性的影响。在英语课堂教学中，中国学生的语言迁移表现在各个层次上，如语音、词汇和语法等。有时候，由于英汉两种语言之间存在着很多相似或者吻合的地方，这时中国学生在学习英语时就可以利用已有的汉语知识，从而能够更好地对英语的学习起到促进作用，这就产生了汉语在英语课堂教学中的正迁移现象。例如，汉语中的形容词都位于它所修饰的名词前面，而英语的有关用法与汉语的这一用法相似，当学生学习了形容词 beautiful 和名词 flower 两个词之后，就会很自然地说出"a beautiful flower"这样的句式。英语和汉语在句子的结构上也存在相似性，这一特性也使得正迁移成为可能。

2. 中国文化对英语课堂教学产生迁移性的影响

英汉两种语言之间存在着文化的差异，这种差异可以导致迁移现象的产生，这是一种文化迁移现象。这种现象是指由于文化差异而引起的文化干扰，它经常在跨文化交际中或外语学习中有所表现。具体来说，人们会用自己的文化准则和价值观来指导自己的言语和思想，并以此为标准来判断他人的言行和思想，而这种指导与判断往往是在下意识状态下进行的。文化迁移往往会导致交际困难、误解、甚至仇恨。胡文仲和高一虹把文化的内涵分为三种，即物质文化、制度文化和观念文化。而戴炜栋和张红玲根据文化的这一内涵把文化迁移分为两种：一是表层文化迁移，物质文化和制度文化的文化迁移大体属于表层文化迁移，对于这些文化要素，人们是容易观察到的，只要稍加注意就可以感觉到不同文化在这些方面的差异。二是深层文化迁移，主要指观念文化的迁移，由于它属于心理层次，涉及人们的观念和思想，所以在跨文化交际中，这种迁移不容易被注意到。由于本族文化根深蒂固，人一生下来就受到本族语文化的熏陶，其言行无一不受到本族语文化的影响与制约，因此，在英语学习中，文化迁移更容易给学生造成交际的障碍。

文化迁移对英语学习的影响具有正负两个方面。刘正光和何素秀在 2000 年曾指出："以往关于外语学习中的迁移理论在对待母语以及母语文化的干扰问题时，对负干扰研究得较多、较透彻，同时，对负迁移的作用也有夸大之嫌。近年来随着人们对母语迁移理论的重新认识和深入研究发现，母语和母语文化对外语学习和外语交际能力的培养也同时存在相当大的正迁移[1]。"因此，英语课堂教学中，汉语文化的教学是不能受到忽视的[2]。我们可以从以下三个方面来分析这一看法：

（1）在英语课堂教学中，其内容不仅仅是培养、介绍和引进国外文化知识、技术、科学等，同时还担负着另外一个任务——中国文化输出。在英语课堂教学中进行西方文化知识传授的同时，教师如果忽视中国文化的教学，有可能造成跨文化交际的心理障碍，从而对跨文化交际能力的培养带来消极性的影响，比如有可能造成自卑、媚外的心理，以至于在与对方进行交际时不能树立平等的心态。

（2）在缺乏英语语言环境的背景中，教授和发现影响传递信息的各种语言的和非语言的文化因素时，必须把汉语文化作为比较对象，只有通过两种文化差异的比较才能找到影响英语交际的各种因素。而在中国英语课堂教学中，通过比较，我们还可以对英语教学的重点、难点进行有效的发现和确定，从而在课堂教学中做到有的放矢，提高课堂

---

1 姚丽，姚烨. 英汉文化差异下的英语教学探究[M]. 北京：中国书籍出版社，2014.
2 高等学校外语专业教学指导委员会英语组. 高等学校英语专业英语教学大纲[M]. 北京：外语教学与研究出版社，上海：上海外语教育出版社，2000.

教学效率。

（3）充分掌握汉语与汉语文化对英语学习和英语交际能力的重要影响。我国外语界和翻译界的老前辈们的治学经历就能对这一点进行很好的说明。王佐良、许国璋、周珏良等英语界泰斗的成绩在很大程度上就得益于他们深厚的汉语与汉语文化根底。许多著名的翻译家，如钱锺书、巴金、鲁迅、叶君健、杨宪益等，他们本身是作家，但其译作水平也很高，并且在译作方面也做出了很大的成绩，这在很大程度上也是得益于他们自身深厚的汉语及汉语文化知识。与汉语和英语的关系这一问题相关的除了语音、词汇、语法、文化等各个方面外，还有语言的社会功能问题。一个民族的母语能够表现出其民族特征，母语教学对于培养学生的爱国主义情感具有重要的意义。在中国的英语课堂教学中，教师不能因为英语的教与学而忽视汉语的教与学，否则将会导致严重的后果。2002年9月5日的《环球时报》刊登了题为《面对不争气的年轻人，吴作栋总理提出警示：新加坡能否富过三代》的文章，文章指出"新加坡年轻一代似乎不那么爱国，因为有不少青年人想出国，而且是一走了之，这种现象越来越普遍"。认真对这种现象产生的原因进行探究我们会发现，这在很大程度上与新加坡面向英语的教育体制有关。在新加坡，一些有识之士也对这一问题有所发现，并指出新加坡出现社会凝聚力低的问题原因在于20年来母语教育的失败。在我国英语课堂教学中，处理汉语和英语的关系时应该注意以下两个问题：

第一，在英语课堂教学中尽可能使用英语，但是不对汉语的应用进行刻意的回避。对于汉语和英语两者之间的关系，不管是在理论还是实践中都存在着两种极端的态度。一种是完全摆脱汉语而使用英语，刻意地回避汉语。这种主张很难做到，从另一方面来说也是不可取的。而且适当使用汉语也可以取得不错的课堂教学效果，比如英语和汉语之间进行比较，可以提高英语课堂教学的预见性和针对性。而在英语课堂上使用汉语时需要注意的是：把使用方便、易于理解的汉语作为教学手段时，不可以过分，要根据具体情况适当使用。比如对发音要领、语法等难以用英语解释的内容可以使用汉语进行简要的说明；在解释某些意义抽象的单词或复杂的句子时，如果已经学过的词汇没有可以利用的，在这种情况下也可以使用汉语进行解释。另外一种极端态度是完全依靠汉语来教授英语，这种做法显然不可取。对于中国的英语学习者来说，汉语是他们的母语，学生在学习英语时会无意识地将其与汉语进行比较。如果在英语课堂教学过程中过多地使用汉语，学生对汉语的依赖性只会增加不会减弱，时间久了就会很难摆脱，严重的甚至会养成一种以汉语为"中介"的不良习惯，在听说读写等语言活动中会不断地把听到的、读到的及需要表达的英语先转换成汉语，如果总是采取这种方式学习英语的话学生就很难流利地使用英语,也不可能写出或讲出地道的英语。而且在英语课堂教学中使用英语也有很多益处,如可以创造英语的氛围,可以增加英语的输入等,利于减少汉语的负向迁移,增加汉语的正向迁移。

在英语课堂教学中,对于英汉两种语言相同的内容,学生利用汉语就很容易学习,教师只要稍加提示,学生就很容易掌握。而某些内容为英语所特有,学生学起来就比较困难,对于这些内容,教师应该有针对性地将其作为课堂教学的重点,适当增加练习量。而对于两种语言中相似但是又不相同的内容,学生在学习中就会很容易受到汉语的干扰,教师在课堂教学中要多加注意这些内容的教学,以防学生把两种语言的知识混淆。

第二,重视英语课堂教学的同时,不忽视汉语的学习。经济的全球化和科学技术的国际化是目前新的时代特征,而英语是国际交往中最为重要的交流与沟通的工具,越来越多的人对其重要性已经有所认识。而且英语教育的问题在我国的教育中并未被忽视,如教育主管部门和学校领导就对这一问题很关注。与此同时,全国公共英语等级考试、全国英语四六级考试等国内外各个层次的考试也推动了英语学习的热潮。另外,为了满足人们英语学习的需求,应运而生了各种各样的教学方法,丰富多彩的学习用书、音像制品、软件等,这进一步推动了英语的学习。这些条件无疑都是好事情。但是,这样的环境很容易给人,尤其是中小学生与家长,造成一种错觉,认为英语比汉语还重要,从而导致忽视汉语学习的现象出现。不重视英语的做法是错误的,而因为重视英语而忽视了对自己母语的学习也同样是不可取的,无论是个人还是社会,都应把英语教学与汉语学习的关系处理好。

二、英语教学的基本要求

(一)英语教学具有一定的密度

这一要求其实就是让教师充分利用课堂上的时间。教学时间有限,怎样在有限的教学时间内,来传授英语知识,发展学生的英语实践能力,这在英语教学中是一个值得考虑的重要问题。如果利用得合理,则能够收到不错的教学效果。因此,教师必须精心设计,提高教学时间的使用率和有效率。为做到这一点,教师可以围绕一个教学内容进行密集的、快速的活动,如可以在课堂中依次快速进行操练、造句、提问等,这样的密度能够使每个学生都尽可能得到训练。而不同的内容要采用不同的教法才能达到事半功倍的效果,如在教句型时,可使用替代法进行操练;教词汇时,可使用拼读、造句等法;教课文时,可使用问答、翻译等法。如果一堂英语课能达到充分而适当的密度,课堂气氛必然较活跃,那么学生的学习积极性也就必然会高涨,从而形成教学的高潮。

（二）英语教学具有一定的广度

这一要求的具体内容主要包括两个方面：一是学生的活动面要广；二是教学内容所涉及的面要广。

（1）教师在每堂课中都要使这两个内容的广度扩展，尽量消灭"死角"。新授课的学生活动人数应不少于全班学生总人数的75%，复习课和练习课可达100%。学生活动时，教师还要结合学生的实际情况给予不同的标准，如对学习好的学生可要求高些，对学习差的学生可要求低些，对不大肯活动的学生要尽量采取措施使他们多参与到活动中。

（2）在英语课堂中教授内容时要做到在保证中心的前提下，以旧带新，以新温旧，总之，就是要做到新旧结合，并尽可能用圆周式的方法来安排教学活动内容。例如，结合直接引语教间接引语，结合比较级教形容词和副词的最高级，结合一般过去时态教现在完成时态等。

（三）英语教学具有一定的深度

这一要求就是说英语教学内容要有一定的难度，但其难度又要有一定的度，即必须在学生可接受的范围内，只有这样才能引起学生的学习兴趣。在难易程度方面，要做到尽力而行，因材施教，不可以统一的难度标准来要求所有的学生。在难易的比例方面，根据学生目前的智力和英语能力情况来看，最好是1：3，即一难三易。在深度的内容方面，应注意把握好教学内容的关键语言点和一些重要词语，以提高教学效率。

第三节　基础英语课堂类型

一、按照教学环节划分的英语课堂类型

（一）综合型新授课

综合型新授课在英语教学课型类别中是最常用的。课上有讲解也有训练，以训练为主，但也根据实践的需要作精练的解释。综合型新授课所包括的教学结构比较完整，能够体现出英语教学的一个完整过程和对听说读写工作的全面安排。这一课型适用于初、高中各个年级。

综合型新授课的结构如下：

（1）组织英语教学。2分钟。

（2）对已学内容进行复习、检查。10分钟。

（3）提出新的英语材料。10分钟。

①演示或讲解新的英语材料：听音会意。②初步运用英语材料：仿说、仿做。

（4）反复操练。20分钟。

①句型操练。②复用练习。③活用练习。

（5）布置家庭作业。3分钟。

①本节课归纳小结。②英语家庭作业。

在综合型新授课中应该注意的问题有以下几点：

首先，使学生当堂熟练掌握所学的新的英语材料是综合型新授课的主要特点。在综合型新授课上，学生对所学的新材料的掌握过程比较完整，即提出新材料，反复操练，最后达到熟练掌握新材料，初步养成新的语言习惯的目的。综合型新授课在教学内容上主要包括单词、语音、语法和课文四个方面；在训练上涉及听说读写四种技能。在综合型新授课上教的材料可以不多，但要求学生学得要好，掌握最好也熟练些，以此为之后的英语复习与学习奠定基础。

其次，综合型新授课的结构所包含的环节多，教学方式灵活多样，新鲜多变的气氛比较容易吸引学生的注意力，使学生学习的兴趣和积极性始终能够维持或得到进一步的激发。

最后，综合型新授课的教学结构环节的时间不是固定的。上面提出的时间分配只是在一般情况下的一个大致数字，仅供参考。而在实际教学工作中，教师需要根据班上具体情况和教学内容，来对环节与时间的安排有一个灵活的掌握。

（二）复习课

复习课一般都是配合期中或期末考试，在这个过程中教师可以组织一次或几次，把一个阶段里讲授的材料加以系统整理。其目的主要有两个：一是帮助学生记忆；二是促使学生进一步提高口笔语能力。在复习课中，一般也进行一些口笔语练习，其目的是复习和整理教过的词汇和语法，使学生对所学内容加深印象，帮助学生记忆，提高复习的效果，但这时的口笔语练习大半是语言练习。而复习课中为了发展学生的口笔语能力，在复习单词和语法时，教师要注意口笔语练习前的准备工作，比如对学生之前经常出现的问题、遇到的障碍等进行总结，先为其扫清道路。复习课上教师需要注意的是引导学生，使其开动脑筋，积极参加活动，为上好复习课，师生之间应该相互配合。切忌把复习课上成知识课，变成教师一人表演的独角戏。

在复习课中，如果复习的内容是英语词汇，教师可以提出一个主题，然后要求学生举出与之有关的单词，比如有关家庭的、学校的、清洁卫生的、鸟兽的等，然后在黑板上把这些词写上。教师也可以考虑让学生用举出的单词做一段连贯性的叙述，比如用有关学校的词，描述一所学校，用有关鸟兽的词叙述动物的习性或关系等。随着学生所学单词的增多，主题也就可以分得逐渐详细，那么用与主题相关的单词所作的描述类型也就越多。在复习课快结束前教师可以要求学生用与某一个或几个主题相关的单词写一段话或写一篇作文，这样利于学生运用笔语技巧。但学生在初始阶段一般学过的单词比较少，这时教师可以按词类归集，如介词、连词、疑问词等，然后要求学生用这类词造句，也可以组织一段对话。如果复习课中复习的内容是英语语法，这时教师可以提出某项语法，引导学生举例词、例句，选择其中最典型的句子写在黑板上面[1]，再引导学生通过分析、对比，找出例句之间的异同，从中归纳出语法规则，并加以说明。最后采用一些方式，如问答、替换、转换等进行操练，使学生对这项语法的用法能够熟练掌握。可见，这种探索的自主学习方式在语法复习课中依然使用，而一堂课上复习一项还是几项语法，则要根据具体情况来决定。

（三）巩固练习课

在巩固课上，巩固的任务在于通过口笔语练习，复习、整理教过的英语材料，并针对学生听说读写的能力进行进一步的提高，培养语言习惯。比如它对学生在口语上的要求是要说得熟练些，且能成段地说，课堂的结构中一般没有新课环节，但在各个年级巩固课都是很普遍的。如果教师教过某一节的英语课之后，感到学生学得不够熟练，这时就可以接着组织一次巩固课，以对所学内容进行巩固，而为了配合阶段考试，可一连组织几个巩固课。

巩固课一般只由组织教学、反复操练、布置家庭作业三个环节构成，而且课上的大部分时间都要用在反复操练上。在巩固课中，教师一般面临着两个极为重要的问题：如何把这几个构成环节组织好，如何体现出一个由简而繁、逐步提高的发展过程。在这里，我们给出几点意见：

（1）一般的英语教学可由朗读课文开始，然后根据课文内容依次对学生进行问答，接下来进行的是分段叙述课文大意，随后对整篇课文进行复述，最后可由学生就自己实际生活的有关内容仿照课文来做简短的介绍。这样做的好处一般有两个方面：一是使学生再次对课文内容有一个了解与熟悉，二是可以锻炼学生的口语能力。那么巩固课也可以参照一般的英语课堂来进行教学。结合课文，先利用图画引导学生整理和复习有关的单词、词组和语法点，然后把在课堂上整理的这些知识点根据需要写在黑板上；之后引导学生参照黑板上各组单词和词组，自行组织语言来分段叙述课文大意；随后让学生叙

1　徐国庆．职业教育项目课程开发指南[M]．上海：华东师范大学出版社，2009：19—28．

述整篇课文，或模仿课文进行仿做练习。

（2）家庭作业一般是学生笔头复述课文，或在课文的基础上仿作短文。巩固课中布置的家庭作业一般是要求学生课下把课上的口头叙述写成书面作业；或者让学生模仿课文，改换里面的人物，另行写成一篇短文。其中，改换人物的模仿课文式的短文写作可能相对简单些，但口头锻炼时如果教师引导得比较好，那么依据其进行的书面作业也就比较容易进行。

二、按照语言技能划分的英语课堂类型

（一）听说课

这种英语课堂类型在进行活动时主要采用的方式是看VCD、听故事、唱歌、玩游戏等，这些能帮助学生养成良好的语言学习和运用习惯。以小学生为例，教师想让他们积极参与课堂教学活动，这时可以用小纪念品、小红花、小红榜等多种多样的方式来对其进行鼓励。

在听说课的英语教学中，教师需要注意的内容有以下几点：

（1）听说课的主体是学生，教师在教学中要适当传授学习策略，选择的教材内容难度要适当，对于学生来说不能偏难也不能偏简单，且选材范围要广泛，但又要符合固定学生的学习心理，教学时要循序渐进。

（2）听说课的重点应放在句子的操练、模仿、运用上，而在这种课堂中不能过分强调词汇与语法的学习，而且教师不能在讲台上唱独角戏，老师这时主要是作为一个组织者来引导学生进行各项活动。

（3）每堂课要根据学生的具体情况把听说活动有效地结合起来。比如对于儿童来说，课堂上在磁带中播放故事比较合适，既便于学生进行重复，也能引起他们的兴趣，但尽量不要安排他们从磁带里面听对话，因为对话对他们来说难度太大，而且也比较枯燥，对话形式的听力训练要尽量通过教师与学生的参与来进行，如果仅是听可能效果并不是那么明显。

（二）读写课

读写类型的英语教学对于各个阶段的学生并不是完全适用，比如在小学阶段就不过分强调读写，但是有条件、基础好的班级可以适当开设读写课，但对学生的要求不要太高。读写训练一般在小学高年级正式开始，这种训练对进入中学后的英语学习所起的作用是承上启下。对小学高年级的阅读材料而言，它们的选择要与少年儿童的心理适合，如英语漫画、有趣的小故事、简写的童话等，这些材料比较有趣，符合少年儿童活泼的

心理，可以把它们作为阅读材料。教师在安排读写课时，需要清楚阅读的目的是促进学生的英语思维发展，训练英语表达，所以阅读材料后最好提出一些针对性的要求，如复述或改写，但不要加多项选择题等成人使用的问题形式，也不宜布置太大的训练量。

在英语教学中，读写这种课堂类型的安排一般是比较少的，所以为了保证读写的质量，教师一定要批改收上来的作业。批改以指出问题为主，不必在作业本上每错必改，可以在课堂讲解时对于典型的错误着重挑出，让学生自己动手修改。这样做的目的有三个：一是提供典型错误的正确形式，为学生提供正确的语言输入，以利于学生之后的正确运用；二是说明老师认真改过作业，树立教师在学生心目中的良好形象；三是维持学生对英语读写的信心。国外的差错分析研究表明，学生在学习外语的时候，一些错误的出现是难免的，这些错误在语言学习过程中具有发展性，即使纠正也会再犯。如果教师对学生挑错太多，可能会引起学生的反感，降低其学习积极性，从而不利于语言课堂教学的进行。

（三）语法课

语法课主要是对英语的语言规则进行讲解。简单的语法点教师可结合课文，有意识地通过口头操练使学生掌握。一些较复杂的或与汉语不同的语法点，教师可通过上语法课单独对其进行讲授和操练，使学生能够对其用法有一个系统的掌握。语法课一般由五个环节构成：

（1）组织英语教学。2分钟。

（2）对所学内容进行复习提问。10分钟。

（3）提出新的英语语法点。15分钟。

（4）对所学语法点进行反复操练。15分钟。

（5）布置英语家庭作业。3分钟。

第四节 基础英语教学的构成要素

构成英语教学的基本要素是教师、学生、教材、教法等，如何发挥他们的作用对保证英语教学质量至关重要。下面我们对这几个要素分别进行简要阐述。

一、英语课堂学生

善于学习英语的学生通常对英语及其相关文化背景知识的兴趣比较浓厚，且有明确的英语学习动机，对说英语的民族及其政治、经济、生活方式、风俗习惯等的态度比较正确而开明，他们对于新鲜事物不但不排斥，很多还都很愿意接受，善于琢磨适合自己的学习方法。强烈的学习愿望对于学习效果的取得非常有意义，而喜爱英语及其民族比为了考试而学习更能激发学生的学习欲望。善于学习的学生对英语学习还有一种负责的态度，他们能够在教师指导下自觉地利用课外时间来学习。具体来说，这类学生具有的特点通常有以下几点：

（1）有长远的学习目标，定下的近期目标往往比目前学习的内容更深入。很多英语成绩优异的学生在课堂正式开始前，他们对即将学习的内容就已经比较熟悉了，在课堂上，他们就可以充分与教师和同学进行交流与操练，从而提供自己的英语水平。

（2）善于琢磨有效的学习方法和学习时段。比如有的学生早上记忆单词、背课文最有效，有的学生睡觉之前记单词、背课文最牢固，有的学生用联想实物的方式更有效，有的学生将相关单词联系起来学习比零零散散的学习更有效等。善于学习的学生总是会探索适合于自己的学习技巧。

（3）在课堂上愿意听教师的讲解，勤记笔记，愿意反复复习所学单词、短语、句子，甚至课文。

（4）对于所学的英语语言材料能够大胆运用，勇于冒险，不怕出错，愿意提问，积极发言，对于教师的纠正能够以正确的态度接受，懂得熟能生巧的道理，懂得通过与教师进行适当的交际可以提高英语语言水平的道理。

（5）善于对课后的学习活动进行安排。知道如果"三天打鱼、两天晒网"不利于英语水平的提高，唯有坚持每天听课文录音，跟录音朗读，模仿自己喜欢的语音语调，长久下来才能逐步提高英语水平。

二、英语教师

一位合格的英语教师应发音纯正，性格上比较活泼，思维敏捷，语言幽默，态度和蔼，热爱教学。如果授课的教师发音欠佳，可以采用一些方式，如录音带、VCD、广播乃至多媒体等手段进行发音上的弥补，让学生多听到发音纯正的单句和课文朗读、对话、故事等，教师在让学生听的过程中可以穿插必要的解释，把某些难懂的关键语句进行重复，从而将课堂活动有机地联系在一起。而站在学生的角度来看，他们通常不喜欢沉闷乏味的教师，那么这就要求英语教师在课堂教学中在适当的时候用夸张的声音讲述故事，模仿某种声音，这样对调动学生的积极性能起到一定的作用。有时，课堂上教师可以用英语开友善的玩笑，这样利于缓和紧张的学习气氛，减少有意注意，从而使得学生的无意注意或潜意识思维得到激发。一位有经验的教师往往能使文静学生与爱说话的学生之间的谈话得到平衡，引导文静者开口说英语，使文静学生的口语水平得到提高。

一位优秀的英语教师在课堂教学中通常需要注意以下几点：

（1）英语课堂上，教师需要随时注意调整自己的语言运用、提问方式、提供反馈的方式。无论采用何种教学方法或策略，教师都需花一定时间对全班讲述、布置、解释各项活动。为了让学生充分理解所讲内容，教师通常运用以下策略：重复话语、降低语速、增加停顿、改变发音、调整措辞、简化语法规则、调整语篇等。通过以上调整，教师的语言输出成为学生所需的可理解输入。提问是教师最常用的教学技巧之一。提问的好处不言而喻，如激发学生的学习兴趣、鼓励学生思考、帮助学生阐明思想、帮助教师导入某些结构或词语、检查理解程度、鼓励积极参与等。

（2）在英语教学中，教师的讲话时间对学生习得新的语言结构和词语有利，但是不能以此来占用学生自主练习的时间。比较好的英语课堂，其活动形式通常多种多样，而不是每天重复一成不变的几种形式。而比较好的英语教师能对课堂活动中出现的新动向进行及时预测，应变能力也较强，可以巧妙应付课堂上的各种突发事件，使课堂活动丰富有序。

（3）在英语教学中还有一个重要的方面是英语教师要为学生提供学习情况的反馈。有关英语学习的反馈信息有正反之分。英语课堂上教师的反馈可以多种多样，如可以是对学生话语的应答，像赞扬或批评、扩展学生的答案、总结学生回答、重复学生所答等。英语课堂上学生语言运用的主要目的是完成学习任务的同时获取运用英语的交际能力[1]。英语课堂的背景具有特殊性，因此学生有很多套语可套用，如情景型套语、礼仪型套语、风格型套语、组织应对活动的小套语等。在英语学习的初级阶段，这些套语在很大程度上能够帮助学生获得可理解信息的输入，但随着学生英语水平的提高，教师语言输出的句型会更加多样化。

三、英语教材

在英语教学活动中，教材是为学习服务的。然而，教材一旦确定便是死的，而学生是变化的。而且，任何教材的编写由于编者水平与资料的局限性，多少都会在一些方面存在缺陷或不足。如果教师单纯地紧扣教材，按部就班，把完成教学任务作为目的，而不考虑学生是否能够接受，这样的教学对学生的学习很难起到促进的作用。英语教师在面对不同的教材时应学会处理，要在课堂上及课后询问学生的感受，调整教学进度和方

---

[1] 郭巧棉.浅析皮革商贸英语翻译问题及翻译策略——评《国际商务合同的文体与翻译》[J].皮革科学与工程,2020(1)：51.

法，一旦发现问题及时补救。我们在课堂教学过程中经常会遇到的涉及教材问题的情况一般有以下几种：

（1）英语教材难易程度存在偏颇。有的英语教材偏难，大部分学生在学习时感觉跟不上，仅仅机械地进行操练。遇到这种情况时，教师在教学时应尽量把进度放慢，添加内容接近课文但难度稍小的材料。有的英语教材语言偏易，大部分学生对于教材中的内容已经熟记于心，课堂虽然活跃，学生交谈的兴致很高，但很大程度上只是在对旧的语言知识和技能进行运用或操练，不利于语言能力的发展。此时，教师应该适当添加一点有挑战性的语言材料，使用略高于现有水平的词汇、语句、课文及其隐含的结构，学生对这些英语材料能够听懂，但又有一定的挑战性，从而使他们的学习动力得到激发。还有些英语教材因为编写仓促，没有按照先易后难、先浅显后深入的原则编排课文，如果教师按部就班地紧贴课文，不利于对学生进行有效引导。因此，教师备课应该建立在整本教材乃至全套教材的基础之上，可以适当调整先后顺序，以提高教材的有效使用率。

（2）英语教材趣味性不强。这一缺点容易对学生，尤其是儿童青少年学生不利，此时教师应该更加注意添加符合少年儿童心理特征的内容，使乏味的日常生活对话和课文变得生动有趣。一些童话故事录音带、原版卡通 VCD、漫画等都可以是很好的补充材料。尤其在小学英语教学中，课本只是引路材料，把精力花在添加其他材料上并不是浪费[1]。所谓"使用指定教材是正道，使用其他教材或材料是歪门邪道"的说法是没有道理的，因为指定的教材并不一定适合所有的学生。英语教学中，一本教材、一支粉笔的教师已经不可能是好老师了。

（3）英语教材中的某些交际任务超出学生的日常生活范围。比如在银行办理信用卡或在宾馆登记入住的对话情景，一般小学生都缺乏此类经验或相应的知识背景，那么对于这类交际活动的进行方式也就很难把握。这时教师要想让这类活动顺利进行，应该采用图画、幻灯片、流程图等辅助手段。干巴巴地读课文、朗读课文不但没有趣味，也不能起到促进学生学习的作用。

四、英语教法

英语课堂教学并没有统一的方法，英语教学历史上出现的翻译法、直接法、自觉对比法、听说法、视听法、认知法、功能法等，都曾在课堂教学中发挥过一定的作用。历史证明，没有哪一种教学法在英语教学的应用中是最好的、最有效的。如果总在一个班级的英语教学中采用一成不变的教学法，学生势必感到乏味，实际上，一堂课也不应该

1　Chitra Fernando. 习语与习语特征 [M]. 上海：上海外语教育出版社，2000.

只是用一种教学方法。这些不同的教学法对语言技能的发展各有侧重，因此不同方法的综合运用利于学生英语水平的全面发展。

无论采用的是何种教学方法，学生的语言交际都是课堂教学的出发点。教师要尽量使课堂交际与日常实际生活结合起来，鼓励学生有创造性地、有目的地把已学的英语语言材料予以运用，在新的生活场景中重新对语句进行组织，表达自己的感情。教师应力求教学过程交际化，但这并不是说只要是交际化的内容都可以在课堂中进行，教材内容应该是选自真实生活的自然交际，适合学生的年龄，而强迫儿童学成人交际场景的英语语言显然是不对的。

第五节　基础英语课堂教学评估策略

一、英语课堂教学评估概述

（一）英语课堂教学评估的功能

站在不同的角度，英语课堂教学评估的功能也是不同的，下面主要从学生和教师两个角度来对这一功能进行阐述：

1. 从学生的角度看英语课堂教学评估的功能

（1）能够使学生意识到英语语言学习是一种过程，从而在这个过程中对自己的学习进行更好的监控。比如帮助他们及时调整学习策略，使他们在了解自己学习情况的基础上，逐渐养成自主学习的习惯，从而做到真正对自己的学习负责。

（2）使英语的学习过程具有可视性。直观化结果的呈现，利于学生清楚自己的长处和不足，有助于纠正学生在学习中的一些错误观念和错误假设。

（3）使学生能真正感受到教师对其英语学习的关注，利于学生端正对教师的态度。

2. 从教师的角度看英语课堂教学评估的功能

（1）在评估中师生间经常要进行对话，这一做法利于改善师生间的关系，为更有效地开展教学奠定基础。

（2）为课堂教学活动和学生日常的学习情况提供必要的反馈，使教师能及时根据反馈调整教学计划、教学方式，使之更加符合教学目标，适合学生的特点，从而提高课堂教学时间的利用率，保证教学效果。

（3）这种评估的一系列环节有助于教师成为有意识的教学研究者，为教学方法、教材编排质量等的提高奠定坚实的资源基础。

（二）英语课堂教学评估的影响因素

1. 教师的观念影响英语课堂教学评估

教师对课堂教学评估的态度及其认识直接影响其采用的评估方式。比如有的教师认为课堂教学评估就等于学习测试，那么他们在选择评估方式时就很可能倾向于常模参照，把课堂教学评估当成小考，只是对学生的知识学习进行检查。实际上，这一看法显然未对英语课堂教学评估有一个全面的认识，它是很多教师对课堂教学评估的一个认识误区。在操作时，教师应对课堂教学评估与常规考试的区别有一个正确的认识，弄清课堂教学评估的目的和用途，然后才有可能选择适当而正确的评估方式。

2. 学生的认识与参与影响英语课堂教学评估

英语课堂教学评估其实是一种学生自评，只是在教师的辅助下进行的，在参与上肯定离不开学生，而且学生的积极参与是课堂教学评估得以顺利进行的保证。只有当学生积极参与评估活动，并从中掌握了评估的方法之后，课堂教学评估才能发挥其应有的效力。可见，学生的认识与参与能够保证课堂教学评估的有效性。如果学生认识不到课堂教学评估的作用，也就很难保证积极配合。而且我国学生很多都受传统考试、制度等的影响，因此他们对考试有着固有的敌对情绪，这种情绪带到课堂教学评估中所导致的后果就是存在偏见，很多学生都认为课堂教学评估无用。那么，在实施英语课堂教学评估时，学生应首先摒除这一偏见，清楚课堂教学评估的重要性和必要性，为了加深学生对评估的正确认识，教师可以在评估结束时，组织学生分析评估给他们的学习带来的正面效应，以此种方式逐渐扭转学生对英语课堂教学评估的认识。

3. 评估自身影响英语课堂教学评估

（1）英语课堂教学评估的方式。我国在各个教育阶段中考试都比较多，而多数学生对于考试并不喜欢，学习较差的学生更是如此。要想使课堂教学评估的客观性和有效性得到保证，所采用的评估方式必须能得到学生的喜欢，这样才能使他们积极配合，从而为课堂教学评估获得更加全面的信息。对于学生来说，这也能使他们对自己的学习有一个全面的认识，具体来说就是既能让学生看到自己的差距，从而调整自己的学习计划和实施方式，又能看到自己的进步，培养其自信，促进学生的进步。

（2）英语课堂教学评估的参照。在英语课堂教学评估中采用的参照方式会影响评估的质量，而通常的参照一般有常模参照、目标参照等。如果采用常模参照，课堂教学评估就成了水平考试，这种分级的测评不利于学生动机的激发，明显不符合课堂教学评估的最终目的。如果采用目标参照，在评估时就是参照课堂教学和学习的目标检查学习的效果，这种方式利于寻找学习及课堂教学中存在的问题，以便给予解决或改进。但这种观点也不能一概而论，如果能够对所选择的参照进行合理、有效的使用，也能收到不错的效果。

（3）英语课堂教学评估的内容。英语教学有一个目的是培养学生的自主学习能力，而这一能力所要求的不仅仅是知识，他们更需要学习策略方面的训练，而在这些训练中，自我监控策略是重点。为了使学生通过课堂教学评估自我监控能力得到培养，需要注意的主要有两点：一是需要对课堂教学任务的完成情况进行评估，其中的"任务"不只包括教师的，还包括学生的；二是需要对学习策略的使用情况进行测评，而且后者比前者更重要[1]。除此之外，在评估过程中教师还要给学生更多的时间和机会来反思自己的学习过程，以期给出更全面而准确的信息。

二、英语课堂教学评估策略概述

（一）英语课堂教学评估的原则

1. 英语课堂教学评估坚持目的性原则

教师与学生都需要对英语课堂教学评估的目的有所了解，这才能保证评估的顺利进行。从教师的角度考虑，评估方式不同，那么其预期目标与适用的范围也就不同，因此老师对于各种评估方法的目的和预期的效果应有所了解，这样才能正确地选择评估方式。在了解各种评估方式的基础上，教师在选择时还应结合自己的班级和课堂的具体情况，且注意各项方法技巧的作用。这样下来，才能使得实施与目的具有一致性。

从学生的角度考虑，教师要让他们清楚课堂教学评估的重要性，了解各种评估方式的操作和作用，从而使其在充分了解的基础上能够积极配合，保证课堂教学评估的有效进行。

2. 英语课堂教学评估坚持过程性原则

这一原则其实就是要求保证课堂教学评估要经常进行。因为课堂教学评估是监控学习过程的一种手段，以形成性测验为主，与简单的单元测验和期中、期末考试都不同，也不是总结性测验，因此必须经常有规律地进行，使其形成一种过程的连续性，这样才能保证其实施的效果。贯彻这一原则的最好办法就是将评估纳入正常的课堂教学之中，这样才能使其对学生的学习和教师的课堂教学真正起到实时监控的作用。

3. 英语课堂教学评估坚持变化性原则

评估的方式有很多种，比如有口头、书面、自评、互评等。但这些方式的选择并不

---

1 邓炎昌，刘润清. 语言与文化 [M]. 北京：外语教学与研究出版社，1989.

只是要考虑其适应性，还应注意根据学生的具体情况进行适时的变化，如采用小组活动或两人活动等。

4. 英语课堂教学评估坚持效率性原则

影响英语课堂教学评估有效开展的因素有很多，如学生的配合、评估的方式等，因此，为了保证课堂教学评估的有效进行需注意以下几点：

（1）英语课堂教学评估以学生自评为主，而且评估侧重目标的完成情况，然后从中发现存在的问题以便给予解决。因此，评估的整个过程都需要学生的理解。比如让学生理解所采用评估方法的作用和操作方式，"反馈链"中每一环节结束时所采用的处理方式需要引起教师的特别注意，一定在每个环节结束后采用恰当的方式使学生清楚课堂教学评估的作用和价值，而且最后要让他们看到课堂教学评估给他们带来的效益，最好能够给予直观化的呈现。

（2）及时监控评估中所采用的方法，因为它可以直接影响评估的结果，并在评估实施的过程中及时发现问题，调整方法的选择和具体操作，从而使得课堂教学评估的有效开展得到保证，充分发挥课堂教学评估的作用。

（二）英语课堂教学评估应注意的问题

1. 以学生为中心

为教师和学生提供教学及学习方面的信息反馈是课堂教学评估的一个目的。通过反馈，教师可以观察学生的学习状况，然后根据具体状况来采取针对性的措施，以提高课堂教学质量，促进学生学习的进步。从评估和评估反馈的目的看，它们都围绕着学生，所以，评估活动的开展应以学生为中心。但有的教师在评估时往往忽略这一点，结果教师成了活动的主角。

2. 以教师为指导

课堂教学评估是教师组织教学的一种手段，也可以说是一种策略，能够有效地促进教学。虽然评估最终由学生完成，但教师在其中的自主权很高，比如评估内容及方式、处理反馈信息的方式等都由教师自己确定，也就是说，课堂教学评估很大程度上是在教师监控的情况下，学生进行的自我评估，但从总体上看，它是由教师指导的。所以，在操作评估的过程中，教师要把握好自己在其中的定位。

3. 注意评估的灵活性与多维性

（1）评估标准的多维性。评估标准是否科学很大程度上影响着英语教学评估结果的精确性。传统评估重视科学性与客观性，而且往往用一个共同的标准或模式来评估课堂教学，当然，这样的评估并不是不能够有效地预测和控制教育现象，但在这样的传统课堂教学评估的导向下，很多学校对学生的要求都是采用统一的标准，这很容易抹杀学生的个性差异，导致学生创新性降低，而社会的发展，对学生的个性发展要求很高。这时，课堂教学评估标准应该具有多维性，才能满足这一要求。

（2）评估主体的多维性。评估的主体并不只包括教师，还可以包括的人员有专职的评估机构、教育决策机构、学校管理人员、学生家长、学生群体和个体等。英语课堂教学评估应该改变传统的单一教师评估模式，应该让更多的主体参与其中，这才是评估发展的趋势，而且评估主体间的沟通协商、评估主体和被评估者之间的互动与合作也很重要。在评估时，每个主体所处的角色与地位一般都会发生一定的变化，比如学生传统上是被动的受试者，在评估时应变成主动参与者，教师传统上是评估的权威，在评估时应变成组织者和参与者，家长传统上是评估的旁观者，在评估时应变成促进者等。这种变化看似是地位上的，其实在根本上显示了评估观念的变化。

（3）评估形式的多维性。在进行英语课堂教学评估时，人们所选择的评估形式如果趋向单一化，往往很难得到全面而客观的评估结果，而坚持评估形式的多维性才是趋势。例如，形成性评估与终结性评估相结合，结果与过程都给予关注，而重点是形成性评估；综合性评估和单项评估相结合，其中重点是综合性评估等。随着英语教学在全国乃至全世界的普及，英语课堂教学评估也引入了很多新的评估形式，如观察记录、面谈采访、问卷调查、对话日志、问题解决、模拟表演、项目活动和学习档案等，这些新的评估形式对英语教学的有效开展创造了更加有利的条件。

第四章 基于新课程理念的基础英语教学研究

第一节 基于新课程理念的基础英语词汇教学

一、英语新课程词汇教学原则

没有一定的词汇量,则无法用我们所学的句法结构进行有效交际。因此,词汇学习是第二语言习得的基础,但由于人们对词汇学习的错误认识,导致词汇教学一直被忽视。然而对大部分学生来说,英语学习最难的却是词汇的积累和扩充,所以词汇教学应该受到应有的重视。根据词汇的特点和语言习得的规律,词汇教学的开展应遵循以下原则:

(一)顺序性原则

词汇教学应按照一定的顺序,大致可分为三步:

新授展示。新授展示的目的是使学生认识单词的意思、结构和用法。对于单词的不同侧面应采用不同的方式展示。意思的展示可采用:实物、模拟动作表演、手势、图片、定义、上下文、列表、翻译、回答、信息沟、语义图等。结构和用法的展示可采用:举例、解释、上下文、回答、结构图等。

记忆运用。记忆及运用词汇是学生掌握词汇的关键。只有通过有意义的参与,学生才有可能掌握所学词汇。教学中教师应设计多种多样的活动使学生运用刚刚接触的词汇。活动应尽量设置语境,尽可能地使学生动起来,而不应只是被动地听或读。

评价反馈。在训练之后教师有必要对学生的掌握情况进行检查,使学生看到学习的效果,总结得失,以便更好地开展下一步学习活动。

(二)选择性原则

词汇教学应该有所选择,主要遵循以下标准:

词汇的选择应反映学生的需求和兴趣。为此,教师应根据话题选择词汇,选择学生所关心的话题,词汇也自然就为其所关心的词汇。

选择与学生的经历、生活相关的词汇，这样有利于刺激学生参与。

选择能表现所学章节重要概念的词汇或反映内容主题的词汇。

选择经常使用的词汇，即使用频率高的词汇。

（三）运用性原则

词汇教学不应该只是意思的展示或用法的讲解，更重要的是词汇的运用，只有通过运用，学生才有可能掌握词汇。运用过程应注意以下几点：

组织符合学生特点的活动，使学生于活动中运用词汇，从而掌握词汇。

鼓励学生建立起自己的词汇联系。

增加词汇的复现率。

掌握词汇练习的节奏，保证练习的质量。

（四）反馈性原则

为了使学生清楚自己单词掌握的情况，教师在单词训练之后应注意加强单词的检查和评估。评估要及时；方式要得当，富于变化性；尽可能采用自评的方式；既要评估学习效果，又要评估学习策略的使用；全面、及时地为学生的词汇学习提供反馈。

二、英语新课程词汇教学模式

为了培养和提高学生学习英语词汇的兴趣和积极性，避免词汇学习的枯燥单调，教师应采用多种多样的词汇教学模式。

（一）直观教学模式

直观教学是采用图片、实物、模型、幻灯片等一系列辅助教具及手势、动作、表情开展新词教学的教学模式。教师可根据实际情况创造条件，采用多种教学手段进行教学。特别是对于刚接触英语的学习者，采用直观教学，他们一开始就把实物或某些动作与英语直接联系起来，获得一个直观印象。用实物、模型教授表示具体事物的名词和表示各种形状的形容词；用图片教授表示情感、色彩、动作的名词、动词、形容词及表示方位关系的介词；用动作、手势、表情配合一定教具教授代词及动词。如教"book"一词，就向学生出示书，并说："This is a book."再拿另一本书说："This is a book, too."反复几遍，学生很容易明白。直观教学能够缩短教师讲解词汇的时间，使学生尽快进入操练阶段。

（二）关键词法教学模式

关键词法是一种专门用来学习外语词汇的方法。它是一种建立在想象基础上的处理外语单词的技巧。这一模式包括两个步骤,第一步是学习者把一个外语单词(目的词)根据语言相似的规则同母语中学生所熟悉的一个词(关键词)联系起来。第二步是让学习者在目的词和关键词之间建立一种想象链。例如,母语为汉语的英语学习者在学习英语单词"aspirin""chocolate""sandwich""hamburger""karaoke"等音译词时,便可以用汉语中的"阿司匹林""巧克力""三明治""汉堡包""卡拉OK"等词作为关键词进行联系、理解、记忆。事实上,在外语教学中,关键词可以是一个单词、一个短语,也可以是一个句子,只要能够帮助学习者达到记忆目的就可以了。实践表明,利用关键词法学习单词能够使学习者一周后都能回忆起并理解学习过的英语单词。

(三)辨析教学模式

在学习某个新词或词组时,若该词或词组与先前所学的词或词组意义相同、相近或相反时,教师往往可以采用同义、近义、反义比较辨析的方法进行教学。同义、近义、反义教学模式一般是以语义和句型为主线,进行系统归纳、分类比较并加以辨析,以达到克服混淆和灵活运用的目的。这种教学法有利于克服孤立学习词汇的弊端,把词与句结合起来。如新授动词"watch"(观看),可以将"watch"与"look""look at""see""read"等词义相近的词或词组进行比较辨析,将这些词或词组编入一段话中。如:Look! There is a picture on the blackboard. This picture is about Mr.Smith's family. Now, look at the picture.Mr.Smith is reading a book. Mrs.Smith is watching TV.She is watching a football game on TV.Jenny doesn't like watching TV. She likes seeing a film. 学生通过阅读这段话,初步归纳这几个词的用法,然后教师小结补充,最后学生各自造出两三个句子。在词汇教学中,为了避免相似词之间的相互干扰,我们应遵循这样一条原则:不要给学生同时呈现两个或两个以上的相似的生词,也就是说,教师应该在学生习得某个词后,再教给他们与这个词在形或音、义上相似的词。

(四)解释教学模式

由于英语单词的意义与汉语解释的对应关系是相对的,对于小学高年级的学生来说,用解释教学模式,既能使学生准确理解英语单词的真正含义,又能让学生增加语言信息量。例如:在讲授"parent"时,可以这样解释:Your mother and father are your parents. 又如:Pork is meat from pigs.Your grandmothers and grandfathers are your grandparents. Fast and quick are the same. 等。这种教学法也应遵循一种原则:用来解释新授词含义的词或词语应当是学生们熟悉的,并且尽可能使用常用词,选用的词语或句子要言简意赅,避免拖沓冗长。

（五）语境教学模式

语境就是上下文单词、短语、语句或篇章的前后关系。学习词汇的目的是要掌握词义、词的搭配和用法，用词造句表达思想。英语词汇中一词多义的现象比较突出，如：英语动词"come"的词义就有69个之多，"go"有94个，"make"有93个，"take"有97个。所以，从学习词汇的角度看，学生也只有在特定的语境中才能确切理解一个单词的含义，掌握其用法。在各种词汇教学方法中，语境具有非常重要的作用。例如在"My hands are clean."中"clean"是形容词（干净的）；而在"Please clean your home."中"clean"则是动词（打扫）。正如语言学家吕叔湘先生所说："词语要嵌在上下文里头才有生命，才容易记住，才知道用法。"

（六）联想教学模式

利用事物之间的种种联系，通过揭示事物之间的内在联系，引起学生的联想而理解新词的意义，进行词汇教学。

（1）事物的特征。如：It's warm in spring. It's hot in summer. It's cool in autumn. It's cold in winter.

（2）先后顺序。如：Today is Monday. Tomorrow is Tuesday. The day after tomorrow is Wednesday.

（3）因果条件关系。如：If you study hard, you'll succeed. If you Don't study hard, you'll fail.

（4）类属关系。如：Trees are plants. Vegetables are also plants.

（5）同位关系。如：Beijing is the capital of China. Washington is the capital of the USA.

以上词汇教学模式，可以互为补充，交替使用。词汇教学不是孤立的教学环节，而要与全课重点联系在一起。每课的新授词或词组要分清主次，恰当地把握讲解的深度、广度和力度，既要突出重点，又要解决难点，注重精讲多练，讲练结合，以练为主。

三、英语新课程词汇教学策略

依据前文讨论的词汇教学原则及模式，根据教学的新授、运用和评价三个阶段，英语中常见的词汇教学策略可分为以下三种：

（一）新授阶段的教学策略

1. 单词网

该策略适用于各个年级，可用来展示单词的语意、搭配等。操作步骤如下：

（1）选择一个话题，如"tree"；

（2）组织学生说出与"tree"有关的所有词汇；

（3）组织学生将词汇分类，完成单词网。

2. 信息沟

信息沟是一种合作性展示方式，要求学生两两一组活动。操作步骤如下：

（1）准备两份表格或图片；

（2）两个学生通过互相提问，完成自己的表格或图片；

（3）学生汇报自己完成表格的情况，解释所了解的新单词的意思。

3. 词汇发现

词汇发现是指让学生通过阅读所给材料，来解释新词，寻找单词搭配和用法。具体操作如下：

（1）提供给学生词汇学习材料；

（2）发放任务题页，即通过阅读解释生词，或通过阅读完成词语的搭配或用法；

（3）学生自己阅读词汇，学习材料，完成任务；

（4）检查学生任务完成情况，归纳总结展示所学的单词和短语。

4. 词汇问题

词汇问题是通过回答的方式展示将要学习的新词。依据学生水平的不同，提问可以采用适当的辅助手段。如在初中一、二年级，可利用图片、实物辅助提问，在高年级可以通过假设情景来进行提问。这种方式可用来展示物体、人名，也可用来展示短语、习语等。如下面是与购物有关的一段展示对话：

T：Have you ever done any shopping？

S：Yes，certainly.

T：Where do you often shop？

S：（A supermarket）

T：Who serves you？

S：（A sales girl）（A shop assistant）

T：What do they usually say to you？

S：（Can I help you？ /What can I do for you？ ）

T：How do you tell him /her what you want to buy？

S：（I'm looking for/I'd like/I want to buy）

T：How to ask the price？

S：（What's the price......？/How much does......cost？）

T：Where do you pay？

S：（The cashiers）

5.多媒体展示

多媒体展示是一种图文并茂的展示方式。学生可以利用图像信息来理解语篇，这有助于新学词汇的展示。操作步骤如下：

（1）播放图像和解说材料，使学生对将要学习的材料有一个感性认识；

（2）再次播放材料，在所要学习的词汇之处停顿，提问学生，要求其重复语言材料，猜测其含义；

（3）教师根据学生的回答提供帮助，展示文字材料，然后解释。这样，新学词汇的发音、拼写和语意就结合着图像形象地展示给了学生。

6.单词线标

单词线标是用来展示同类单词语意差别的一种方式。具体操作方式如下：

（1）运用头脑风暴的方式使学生提供所有与某一概念有关的词汇，将词汇写在黑板上；

（2）组织学生将单词按要求排列在线条上（可单独进行，也可两两活动）；

（3）反馈。

（二）运用阶段的教学策略

1.词汇旅行

该策略通过想象力，将所学词汇融入一个奇妙的故事。这种活动给学生充分的想象空间，对于培养学生的语言思维能力有很大帮助。操作如下：

组织学生想象要在自己熟悉的一座城市，组织一次旅游观光；

在城市中确定五个要参观的地点，按参观的顺序写下来；

将自己的旅游路线记在心里以便能在大脑中勾画出来；

选择五个英语单词，将其当作游客，与旅游中要参观的地点建立联系。

2.单词冲刺

该策略适用于初学者和中等学生。持续时间10分钟左右。操作程序：

选择20个单词分别写在不同的卡片上；

将班内学生分成A、B两队，排在教室的一端，教师走到教室的另一端；

每队有一名队员跑到教师处看教师手中的卡片；

然后该队员跑回自己的队列，将单词画出。不能写，不能说，只能画。先认出所画单词的队得分；

各队如此进行，直到单词用完。得分多的队获胜。

3. 单词故事

该策略适用于各层次的学生。操作步骤如下：

将所学单词写在黑板上，让学生从中选择 4~7 个单词；

每个学生用自己所选择的单词组成一个故事；

学生组成两人的小组或四人的小组互相讲述自己的故事，解释自己选择其中几个单词的原因；

教师抽样检查学生的活动情况。

4. 连锁故事

该活动适用于中等以上的学生。操作步骤如下：

选择与班内学生同等数目的单词，如果班内的学生太多，可将学生分成几个小组，选择与各小组相等数目的单词，制作成卡片；

分给每个学生一张卡片；

教师拿起最后一张卡片，给故事开个头；

各组同学依次将故事继续下去。最好给每个同学时间和内容限制，如每个人讲话不要超过 45 秒。每人最好不要超过三句。

5. 对方的故事

该活动适用于中等以上的学生。由听者控制话题，这对学生有激励作用。具体操作如下：

学生每个人列举五个话题让同伴选择一个；

同伴将选择好的话题交给对方；

学生根据对方选择的话题确定所需词汇表；

学生各自根据词汇表准备要讲的故事；

两个同学中由一个讲述自己所编的故事；

听者讲述自己选择词汇的过程，以及自己想象中的故事；

同伴两人交换角色讲述故事。

6. 演示过去

该活动适合初级到中级学生。操作步骤如下：

教师示范表演自己的一段经历；

鼓励学生根据所学单词准备自己的一段经历供课上表演；

邀请一位同学到前面表演；

该同学再次表演，每个动作之后停顿一下，问其他同学自己在做什么；

将表演时所用到的词汇写在黑板上；

将学生两两一组组织在一起，同学 A 向同学 B 演示自己的故事；

要求 B 将 A 的故事加工润色然后复述。

7. 交叉联想

该活动适合于初级以上学生。操作如下：

让学生从所学词语中选择几个自己感兴趣的词；

组织学生回忆所学过的职业名词；

鼓励学生发挥想象将自己所选单词与职业进行联系；

将学生组成两人一组的小组解释自己的联想。

8. 装饰房间

该活动适合于中等层次以下的学生。具体操作如下：

从所学的单词中选择几个；

组织学生将这些单词置于自己家不同房间的名称下；

将学生分成四人一组的小组；

各组同学介绍自己安排和设计房间的情况；

教师抽样检查学生的联想情况。

9. 关联记忆

该策略是通过给新学单词找关键词建立一种意象联系以帮助学生记忆，是培养学生单词记忆策略的一种有效方式。具体操作如下：

确定欲记忆的词汇；

给所记忆的词汇定义；

寻找关键词；

想象所定义的词汇，用关键词做某事；

回想所定义的词汇，用关键词做某事；

加深自己的印象直到记住定义。

如，要记住"barrister"指"lawyer"，首先为这一个生词找一个学生都特别熟悉的关键词。这个关键词必须读音与"barrister"相似，并且很容易在大脑中勾画出一个意象。"bear"是一个比较合适的关键词。找到关键词后，我们想象一只熊正在法庭上为自己的当事人做无罪辩护，然后将这一意象画成投影图片，展示给学生。

（三）评价阶段的教学策略

1. 文本校对

该活动适合于中级以上的学生。具体操作步骤如下：

选择一篇包含所学主要词汇的文章，将所学词汇替换，使其意思不当；

将修改的文章发给学生阅读，令学生找到不当之处，并用适当的词改正；

学生两两一组对比自己改正后的文章；

抽样检查；

发放原始文章，让学生对比，看自己是否在改正时用上了刚学的单词。

2. 填图

该活动可用来检查学生对名词、动词、形容词的掌握情况。

根据所学单词的特点设计图画；

学生将所学单词填入图画中的相应位置；

检查测评。

3. 纵横字谜

纵横字谜是一种有效的检测词汇的方式，适用于各种水平的学生。其操作方式如下：

根据所学单词设计一个纵横字谜，制作两个字谜卡片；

将学生分成两人一组，然后将卡片分给各组中的两人；

A、B两个学生根据自己的卡片互相提问完成字谜；

抽样检查。

第二节　基础英语新课程语法教学模式

语法教学模式是实现语法教学目的，完成语法教学任务而采取的教学活动方式。语法教学的基本模式有归纳模式、演绎模式及归纳与演绎的综合模式。

一、归纳模式

归纳模式是一种由具体到抽象、由个别到一般、由感性到理性的模式。归纳模式可以用来阐述所学专题内容，帮助学生形成语法概念，指导学生运用语法规则进行语言实践。

现结合现在进行时举例说明，运用归纳模式，一般采用如下几个步骤：

先提出具有典型性的例词或例句，让学生进行观察，认识熟悉语言材料，借助同一般现在时的对比，引出例句。

对例词或例句进行分析对比，找出它们的共同特征，然后尝试性地套用规则，让学生进行操练。教师可引导学生对现在进行时的构成进行归纳：助动词 be+ 现在分词，而"be"在人称和数上要同主语一致。

在具有一定感性知识的基础上，教师通过启发指导，让学生自己归纳总结出语法规则，最后由教师加以补充或纠正。

灵活运用所学规则进行一定的交际性实践。

二、演绎模式

演绎模式是一种由抽象到具体，由一般到个别的模式。现结合形容词的比较级和最高级，举例说明演绎模式的一般步骤：

1. 教师讲解语法概念、结构，使学生对语法结构先有一个较清楚的了解。教师先给学生讲清单音节和双音节形容词的比较级和最高级，一般是在原级后分别加 -er 和 -est 构成。

2. 通过例句进行论证、说明。

原级 long late big pretty

比较级 longer later bigger prettier

最高级 longest latest biggest prettiest

3. 学生初步掌握语法规则后做机械性练习，教师提供给学生一些简单的练习，如把下面的形容词分别变成比较级和最高级：young，small，large 等。

4. 提供情景进行练习

找出 A、B、C 三本厚度不一的书，让学生用"thick"和"thin"的比较级和最高级说出它们之间的区别：

A is thicker than B.

B is thicker than C.

A is the thickest of the three.

C is the thinest of the three.

三、归纳与演绎的综合模式

归纳模式与演绎模式是语法教学中的两种基本模式，但是在语法教学中不能只取其一，而应结合使用，把两者综合起来。归纳模式从具体到抽象，符合学生的认识规律，能充分调动学生的主观能动性，有利于培养学生的分析观察能力，但如果运用不当，会浪费时间，也较难促进抽象思维的发展。演绎模式对高年级学生比较适用，高年级学生思维由经验型水平向理论型水平转化，具有更高的抽象概括性及辩证逻辑思维、更大的组织性。同时，演绎模式适用于那些比较难归纳、变化规则多的语法项目。演绎模式的优点是简便易行，节省时间，但如果处理不好，会造成"注入式"，使课堂气氛沉闷，不利于发挥学生的积极性。归纳模式与演绎模式各有利弊，我们应扬其所长，避其所短，结合语法教学的实际情况，适当融合，这样才能顺利地实现教学目的，完成教学任务。

第三节　基础英语新课程听力教学模式

一、泛听模式

泛听模式是为了把握所听材料的整体意思，其成功的关键在于教师的课堂指导和练习题的设计。泛听模式练习题的设计应遵循以下原则：

第一，能够引导学生做好听前的预测活动；

第二，帮助学生在听的过程中将注意力集中在关键词、关键句上；

第三，指导学生根据所提供的线索克服听的过程中出现的障碍，进行有效的猜测、联想和判断。

如，对于以下听力材料：

It was a beautiful spring morning.There wasn't a cloud in the sky, and the sun was warm but not too hot, so Mr.Andrews was surprised when he saw an old gentleman at the bus stop with a big, strong black umbrella in his hand.

Mr.Andrews said to him: "Are we going to have a rainy today, do you think？"

"No," said the old gentleman, "I don't think so."

"Then are you carrying the umbrella to keep the sun off you？"

"No, the sun is not very hot in spring."

Mr.Andrews looked at the big umbrella again, and the gentleman said: "I am an old man, and my legs are not very strong, so I really need a walking-stick.But when I carry a walking-stick, people say: 'Look at that poor old man', and I don't like that.When I carry an umbrella in fine weather, people only say: 'Look at that stupid man.'"

对于这段材料，根据泛听模式的要求，可以设计三个问题，让学生在听前思考：

1.Where did Mr.Andrews and the old man have the talk？

2.Why did Mr.Andrews ask the question about the umbrella？

3.Why did the old man take the umbrella with him？

通过这三个问题的编排，学生不仅了解了听的具体任务，也了解了听的过程中可以追寻的线索：bus stop（题1的答案），umbrella（题2中的关键词），other people's words（题3的答案）。这三个问题的答案正是故事的主要内容。

一般水平的学生如果做好了上述准备，在听的过程中就能比较容易地找到题1和题2的答案。水平较高的学生也可能会找到题3的答案。为了使全体学生都能领悟故事的幽默之处，通常情况下，我们还要针对问题3进行有选择地听。

二、精听模式

精听模式一般是在进行了泛听模式之后，对所听材料从语言、语法、词汇及语音方面做进一步学习的听力活动。教师要根据精听的不同任务，设计不同练习题。精听的目的一般包括：一是引导学生发现和分析影响听力活动效率的原因；二是帮助学生充分利用所听材料进行语言、语音知识的学习与积累。这两个方面正是保证听力理解能力提高的重要环节。精听练习题的设计原则：

第一，将学生的注意力集中到影响听力理解的语言点上；

第二，指导学生在理解的基础上学习新的词、词组和句型等语言知识；

第三，对词汇在实际运用中的连读等语音变化进行学习。

如，对于以下听力材料：

If you find something wrong with the article you have just bought, you can go back to the shop where you bought the goods and make complaints, taking with you any receipt you may have.Complaints should be made to a responsible person.In a small shop, the assistant may also be the owner, so you can complain directly.In a chain store, ask to see the manager.If you telephone, ask the name of the person who talks with you.Otherwise you may never find out who deals with the complaint later.

If your complaint is just one, the shop keeper may agree to replace or repair the faulty article.In certain cases, you may have the right to refuse the goods and ask for your money back, but that is only when you have hardly used the article and have acted at once.

教师让学生仔细听文章，根据读音写下不熟悉单词，以锻炼学生对文章细节的把握能力，如将 article 写成 artkle，complain 写成 komplain，chain 写成 chan 也无妨，这种锻炼的目的就是看学生能否根据语音把握大致的词形。

基于这种目的我们也可设计另外一种形式的练习。列举文章中出现的一些难的、发音比较快的或连读、弱读的词或者词组，让学生仔细听，并猜测它们的具体意思。如：

Article，Complain，Responsible，Directly，Chain，Faulty。英语听力的每一篇材料中都会出现连读、弱读、失去爆破这种语言现象。这恰恰是学生在听力中不易把握的地方，不少题目就在这上面做文章。所以我们应有意识地加强学生这方面的训练。

三、选择性听力模式

选择性听力模式的目的是培养学生能听出一些具体信息的能力，尤其是从语言程度略高于他们实际水平的材料中进行信息选择的能力。这类练习题的设计原则如下：

第一，引导学生不仅从内容而且从结构上对所听材料进行预测；

第二，明确规定学生听的任务和目的及在听的活动中充当的角色；

第三，为学生提供克服障碍和捕捉信息的线索。

试以下面的短文为例说明具体操作：

The first of April is commonly known as April Fools Day.It's a custom on this day to play a trick on a friend.You do this by causing your friend to believe something that isn't true.If your friend falls into the trap, then he or she is an April fool.

This strange custom has been observed by both children and adult for centuries.Its origin is uncertain and may once have been cruel.But today the tricks and practical jokes are harmless and played mostly for fun.

Usually April Fool jokes are played on friends and colleagues.Sometimes they are also played on a wider scale.One serious national newspaper reported on a new machine.It could transport passengers from London to Australia in ten minutes.Another published a four-page survey of a nonexistent island in the Pacific.And even on B.B.C television news there was an item.It showed a kind of Italian noodle being harvested from trees.

要想成功地运用好这个模式，教师需要为学生设计有利于他们进行预测和有助于他们将注意力集中到关键词上的问题，供他们听前思考：

1.What is the topic？

2.Do they do this by causing their friends to believe something that isn't true？

3. Who are jokes played on？

4. Who else are jokes played on？

5. Are they played on something else？

四、四段法听力模式

四段法听力模式即采用"预听""倾听""听后练习""复听"四个阶段进行听力教学。"预听"具体指教师根据所听内容，利用问题、投影、图片、实物等进行的巧妙导入，从而引发学生听的动机，其中也包括背景知识的简单介绍，关键词解释和听力技能的指导；"倾听"指集中精力，全神贯注地去听，包括"略听、精听"等环节，它是输入、接收和理解的过程；"听后练习"是从学生口笔头反馈的信息，核实所听目标、要求达到与否，同时指导学生掌握弱读、连读、变音等要领及推测、判断等技能；"复听"，是在前三阶段的基础上，将全部内容复听一遍，以巩固前面所学方方面面的知识，是一个巩固阶段。四个阶段之间的关系是互相交融、互相渗透的，其中"预听"是关键，"倾听"是核心，"听后练习"和"复听"是重点，贯穿于整个听力教学过程的始终，使主导与主体、教法与学法、知识与能力得到和谐的统一。

下面以 SEFC Book 1A Unit13 Lesson49 A Day in The Life of A Slave 为例，具体分析四段法听力教学模式的实施步骤：

（一）预听引发动机

1. 导入

可用图片导入，针对材料的特点，以讨论这4幅图片为切入口，也可采取从历史背景或单元主题说起而导入新课，用一般疑问句提出一些问题，学生只需用 yes/no 来回答，如：

Could the slaves go to bed early and get up late？

Could they go to school like you？

Could they go home to see their parents if they liked，when they were sold？

2. 目标任务

在听前给出具体目标要求及检测题，以便学生心中有数，有所侧重（部分题如下）：

（1）让学生认真听，了解文章的一些细节，用选择疑问句或特殊疑问词引导的特殊疑问句来提问，学生只需用单词和短语来回答。

When does John get up？

When does he pick the cotton？

Do you think it rains a lot in this country?

Do you think the chickens are in cages or all over the farm?

（2）仔细听，捕捉文中细节，用正误判断或用完整的句子回答问题。

John was given his name by his father.

John's father was brought to America as a slave.

Slaves lose only their freedom.

（3）用听写来检验学生对细节的掌握程度。

I have to get up .It is ____ go to ____ was ____ slaves from ____ .They ____ language.

（二）倾听接收、理解

一般要求学生听三遍并做到：第一遍略听，针对练习中的 A、D 两项，捕获有关信息，了解内容，进行整体感知，并确定 A 项的答案，如 water the plants, cut down trees 等；第二遍精听、细听，针对 B、C 两项，听要点，听细节及关键词和特定词，听得出起床时间、所做事情等；第三遍侧重对疑难问题、句子进行对比、判断、分析，然后确定未定答案。

（三）听后练习总结、提高

教师与学生进行口头交际，引导学生讲讲文中主人公的生活，来检查听的效果。除此之外，还应指导学生掌握听的技能，引导学生从"I have to look for the eggs"，推断出：The chickens are all over the farm 的结论；通过上下文猜出"boss"一词的意思是"奴隶主"。总结文中"a""the""that"等词的弱读、连读、不完全爆破及"didn't understand"和"did understand"相似音的辨别等要领和技能。

（四）复听重现、巩固

将整个内容复听一遍，学生将所听内容及所获经验放在听的实践中验证、融化、巩固，并享受听懂的乐趣。

第四节 基础英语新课程阅读教学模式

一、自上而下模式

我们在阅读中不可能认识阅读材料的所有单词。而且，即使阅读中没有生词，我们有时仍然不能理解文章意义。那么，该怎样解决这些问题呢？

20 世纪 70 年代初，古德曼提出自上而下模式。按照这个模式，读者不必使用整个文本中的提示，只要挑选文章中的足够信息来做出预测，用自己的经验和有关客观世界的知识去验证自己的预测。阅读是从宏观上不断推测与理解阅读材料的过程。在阅读中，读者不断根据自己原有的知识对文章内容进行假设、推断，在文章中找出相关信息来验证自己的推测。自上而下模式反对逐字逐句地阅读，强调学生已有知识在阅读过程中的作用，主张调动学生对课文进行积极思考和扩展的主观能动性。但该模式忽视句法结构，过分强调读者已有知识的作用，容易导致学生对英语语言基础知识掌握不扎实，导致阅读水平和英语综合运用能力的下降。

SEFC Book1B Unit 15 Lesson 58 教学案例

1.Preparation：some pictures

2.Teaching steps：

（1）Presentation

T：What did you have for breakfast this morning？ What do you like to eat？

（同学们开始饶有兴趣地说出自己喜欢的食物。）

T：Do you think you are fat，thin or just normal？ Do you want to be a little fatter or thinner？

（同学们提出饮食和身材关系的看法）

T：Do you know what the western people like to eat？ Are they fatter or thinner than our Chinese？ Are they healthier or weaker than us？

（同学们根据日常生活中有关西方饮食的知识，提出自己的观点。）

T：What is a healthy diet？

（同学们有的说多吃水果和蔬菜，有的说多吃营养丰富的食品，有的说专门吃素。）

T：OK.Let us come to our new lesson to see what a healthy diet it is.You look through the text quickly，fill in the blanks on the blackboard，and compare the Chinese diet with the western diet.

（同学们迅速阅读课文，完成教师布置的阅读练习）

（2）Explanation

T：OK.Let's go through the text together to check your answers.

（师生一起阅读课文，检查和更正同学的练习。）

（3）Consolidation

T：Now，let's play a game.Close your books，look at the picture on the blackboard， tell us what is rich in fat, fiber or sugar? See who can do best.

（同学根据教师呈现的图画做出判断，其他同学监督并评判谁表现得最好。）

（4）Exercises

T: Finish the exercise in the workbook.Pay attention to keep a healthy diet from now on.

二、自下而上模式

自下而上模式是指在阅读教学中，从识别英语语言中最小的单位字母和单词（底层）到理解句法、语篇（上层）的整体意义。按照这个模式，对整篇文章的理解依赖于对构成篇章的句子的理解，对句子的理解又依赖于对组成句子的词组、词和语法结构的理解，对词和词组的理解又离不开对字母的识别，强调教师在阅读教学前，先为学生解决文中的生词生句及新的语法结构，认为学生只要掌握了英语语音、词汇和句法的基本知识就能理解阅读材料的内容，要求学生根据基本的英语知识逐句地阅读和理解，以达到理解全篇的目的。

SEFC Book2B Unit18Lesson71 教学案例

1.Preparing: some chain pictures, tape recorders

2.Teaching steps:

（1）Greetings

T: How can we understand a story well? Introduce Holmes' secrets: a, e, e, i o, o, y(what, when, where, which, who, how, why)

T: Some people say Holmes' way is helpful for our reading.Is it true? Today we'll check it.And we can find out who is the best Holmes in our class.

（2）Presentation

T: Open your books, turn to words and expressions.Look at the new words of Lesson71.Now read after me.

(Students began to read the new words)

T: OK.Pay attention to cycle, cyclist, road-user.Now I'll explain the new words in details.

（3）Listening

Play the tape, students listen to the tape and give a simple description about the text. Students go through the first paragraph, answer the following questions:

When and where was the man riding his bike?

Why was this person cycling in the rush hours?

Why did the driver stop his car suddenly?

Then the teacher explains the difficult points, and tells the main points of paragraph 1.

Students read last part of the text and answer the following questions:

How many people were going to interview the man?

What does the man mean by saying the last time we met, I did most of talking?

The teacher tells the last part of the story in his own words.

(4)Consolidation

One or two students retell the story with the help of the chain pictures.

Conclusion

T: Is Holmes' way helpful for your reading comprehension? What do you think about Holmes' secrets?

OK.From our reading experiment, we can conclude: Holmes' secrets are helpful for improving our reading comprehension; we can use it in our reading practices from now on.

(5)Exercises(Exercise1Page100)

① If the story happened on Monday, when did the man know that he got the job?

A.Tuesday B.Wednesday C.Thursday D.Friday

② The man played the joke to the manager when he knew the manager was the driver of the yellow car because.

A.he was always so humorous

B.he liked the manager very much

C.he was a very good friend of the manager

D.he hoped this could make the manager forgive his rudeness

③ According to the text, the manager was.

A.stupid B.rude C.angry D.polite

三、相互补偿模式

自上而下模式正确批判了自下而上模式"只见树木不见森林"的弊端，但它完全忽视词义与句法的片面看法也不符合实际的阅读理解过程。即使一个人有很强的分析和推断能力，如果他目不识丁，也不可能进行阅读，更谈不上理解了。

1977年鲁姆哈特提出相互补偿模式。相互补偿模式也称图式理论模式。按照图式理论模式，读者的阅读能力由三种图式，即语言图式、内容图式和形式图式来决定。语言图式是指读者掌握阅读材料的程度。内容图式是指读者对有关文章的主题的熟悉程度。形式图式是指读者对文章体裁的了解程度。语言图式是内容图式和形式图式的基础。相应的内容图式的掌握有利于促进读者对文章的理解。形式图式的掌握有利于读者根据文章的不同体裁和结构，去理解和记忆文章的内容。该模式认为阅读是一个复杂的心理语言活动过程，阅读理解是语言知识和人脑中的各种知识共同作用的结果。阅读教学的目标是提升学生的阅读能力。因此，教师在教学中应培养学生对语言图式、内容图式和形式图式的掌握。教师首先要帮助学生扩大词汇量，掌握基本语言知识，为学生调用内容图式和形式图式打下基础。其次在教学中，教师给学生提供相应的英语文化背景知识，以丰富学生头脑中的内容图式，培养学生调用内容图式的能力。最后教师要分析不同文体文章的结构，系统讲授不同文体的特点，为学生的有效阅读创造条件。相互补偿模式既强调基本语言知识的掌握，也强调读者的已有知识背景。各种知识相互作用、相互影响，而并非仅仅是从上到下或从下到上的单一方向。为了更好地理解相互补偿模式在阅读理解中的作用，我们来分析一个例子：

Li lei heard the ice cream man shouting in the street.

Here membered his birthday money and rushed into the house.

看到这样的句子，大家一般都会这样理解：一个名叫李雷的小孩听到卖冰激凌的小贩在叫卖，他想吃，因此，他需要钱买冰激凌，于是他想到生日时得到的钱，钱在家里，他就跑进屋去取钱买冰激凌。

SEFC Book2B Unit14 Lesson55 教学案例

1.Preparing：Computer projects and some pictures for teaching made by PowerPoint

2.Teaching steps：

（1）Introduction

T：Good morning，everyone！ We have learned something about satellites.Can you tell me what uses satellites have now？

（同学开始讨论 satellites 的用途）

（2）Presentation

T：OK.Let's study Lesson 55 and get some help.You look through the text in two minutes and try to find the main ideas.（同学快速阅读课文）

T：What is the text mainly about？

（同学各抒己见）

T：We found the new text is helpful.But where do we start？ From the small chart below the picture or the text passage？

（同学提出自己的看法并说出原因）

T：Yes.It's much easier and quicker to get some specific information from a chart than from a passage.So, we start from the chart which is mainly about early satellites.You read the chart in two minutes and find out the uses of satellites.Ask me if you have any questions.

（同学阅读 chart，有问题就向老师请求帮助）

(3)Explanation

T：Look at this sentence "It(the dog)died because there was no way in which it could be brought back to the earth.When the scientists knew the dog could never be back, they still sent the dog into space.I shows that the satellite is just for scientific experiments."

Here "in which" is used to join two sentences together.We can say, "There was no way.It could be brought back to the earth in noway." When we try to say clearly about this, we can join the two sentences together like this：

There was no way in which it could be brought back to the earth(in no way).

It's a form always to give more and clearer information to a sentence.For example (present by PowerPoint)：

① The video in which the history of America is introduced (in the video)can be found in this shop.

② The video which the history of America is introduced in(the video)can be found in this shop.

But these two sentences are less formal than the above ones.Now tell me the uses of satellites(present by PowerPoint one by one)：

① for impractical scientific experiment

② for finding radiation on the earth

③ for sending weather information

④ for sending TV pictures

(4)Presentation and Explanation

T：Now come to the passage.Read the passage and find the uses of satellites.

（学生阅读 passage，并找出文中提到的 satellites 的用途。教师通过 PowerPoint 挨

个呈现）

① for sending telephone signals

② for taking photos of the earth and producing maps

③ for collecting space information

T：Here "dozens of" means an uncertain number between 12 and 100. "carry out" means to do something that needs to plan or to something that you plan to do or you have to do.

e.g.Our scientists carried out some research in Antarctic.

(5)Listening

Students go through the whole text while listening to the tape.

(6)Exercise

① Up to year 2000, how long has it been since the first satellite was sent up into space?

A.57 years B.50 years

C.43 years D.36 years

② How many new members did the organization for sending telephone signals?

A.17 B.More than 100

C.More than 117 D.More than 83

③ What's the name of the first satellite used for sending telephone signals?

A.Sputnik B.Spnik 2

C.Early bird D.Early satellite

④ What is the writer's attitude towards Russia and the U.S. that we can infer from the text?

A.Respect to Russia and the U.S.

B.Disrespect to Russia and the U.S.

C.Respect to Russia and disrespect to the U.S.

D.Disrespect to Russia and respect to the U.S.

⑤ Where may the writer most probably come from?

A.China B.Russia

C.the U.S. D.England

(7)Homework

Try to find some more uses of satellites and talk about them.

第五节　基础英语新课程口语教学模式

一、五步口语教学模式

第一步是引入（Lead-in）。引入的方式很多，如利用话题、图片、相关故事、情境等进行描写，创设言语情境；或有目的地复习已学内容，将已学内容置于新的语境和情境，引发学生的学习动机。第二步是启发（Elicitation）。教师启发学生尝试，在相互交流中呈现新的内容。启发一要归纳语言材料的中心意义，二要了解学生现有语言水平。第三步是输入（Input）。让学生自己听，让学生直接接触信息源，保证输入的质与量。第四步是操练（Practice）。根据新内容的特点，通过多种形式，帮助学生记忆教学内容，要求采用学生熟悉的生活素材，以提高练习的质量。第五步是输出（Output）。新旧内容结合，联系学生生活、思想和社会实际，综合运用所学语言，提高学生运用语言的真实性和流利程度。

二、3P口语教学模式

3P是Presentation，Practice，Production三个英语单词的首字母。首先是呈现（Presentation）。教师将要学的英语知识点或句型展现出来，让学生了解学习的目标。呈现的方式强调能够抓住学生的注意力，可以利用图画、声像及多媒体技术，使呈现的材料真实，贴近生活。

其次是操练（Practice）。教师归纳出具体的语言规则或语言功能，然后就语言规则进行操练或者就某个语言功能进行操练。第三是实际对话（Production）。教师设计出具体的话语情境，学生围绕给出的话语情境进行对话练习。

三、任务型口语教学模式

任务型口语教学模式就是以具体的任务为载体，以完成任务为动力，把知识和技能融为一体，学生通过听、说、读、写等活动用所学语言去做事情，在做事情过程中自然地使用所学语言，在使用所学语言做事情的过程中发展和完善自己的语言能力。

（一）任务的设计一般应遵循的原则

（1）任务应有明确的目的；

（2）任务应具有真实意义，即接近现实生活中的各种活动；

（3）任务应涉及信息的接收、处理和传递等过程；

（4）学生应在完成任务的过程中使用英语；

（5）学生应通过做事情完成任务；

（6）完成任务后一般应有一个具体的成果。

在设计任务时，教师应以学生的生活经验和兴趣为出发点，要有助于英语知识的学习、语言技能的发展和语言实际运用能力的提高，要积极促进英语学习与其他学科间的相互渗透和联系，使学生的思维能力、想象力、审美情趣、艺术感受、协作和创新精神等综合素质得到发展。

（二）任务型口语教学阶段

在任务型教学中，通常以每个模块中的主题或每个单元中的话题为某个学习段的主题，将教学要求设置为该阶段的学习任务。教师在组织教学时，需要强化语言的应用和习得的过程，充分体现语言的交际本质。任务型口语教学模式可以分成三个阶段，即语言材料的引入、语言练习与语言的输出。

（1）引入阶段。向学习者介绍目标语言的形式、意义和用法，为学习者提供一个适当的情境，使之能够反映目标语言的功能与设定情境间的相关度。

（2）练习阶段。为学习者设定一个真实的环境，让他们有大量的机会练习目标语言。学习者通过练习熟悉目标语言。练习阶段可分为控制式、半控制和非控制式练习。在练习过程中，教师可逐渐减少对学习者语言输出上的控制。

（3）输出阶段。语言输出阶段为学习者提供更自由、更有创造力地使用新学语言项目的机会，同时让新旧语言点都得到综合运用。它为学习提供了与真实语言相联系的情境。

第六节 基础英语新课程写作教学模式

一、环境写作模式

有人也称之为任务写作模式，主张在课堂中由学生和教师共同完成某项写作任务，重点不是在语言的形式上,而是在写作任务完成的质量上,使学生能自然地发展他们内在的学习机制,既要注意语言形式,也要以有利于写作任务的完成为前提,即语言形式要为写作任务的完成服务。教师可以按照写作前期、写作进行期和写作修改期三个步骤进行操作。

(一)写作前期

教师提供有特定目标和意义的写作任务,选择的主题应是所有学生都较熟悉的,如记笔记、写感想、总结、简历、摘要、试验报告等。而且,不同的任务提供不同的写作素材和语言形式,激发不同背景知识的语言信息,给学生提供课堂上运用真实语言的机会。任务选好并强调其重要性后,学生之间、师生之间就任务交换意见,策划方案,选择方法和寻找信息等。

(二)写作进行期

学生首先按前期写作中的范文和教师的提示在特定时间内独立完成初稿。之后,教师把学生分为几个小组,按以下几个问题就其作文进行讨论、计划,并且共同拟定讨论文稿,为后面的报告做准备:你想要写什么?目标是什么?对此任务的态度是什么?对此主题你了解多少?对此题目你感兴趣的是什么?此题目最重要的是什么?通过讨论,学生一起分享他们的写作目的、观点和方法。最后,选几名代表汇报他们的讨论结果,汇报时除注意以上几个问题外,还注意写作中语言的精确性和流利性。在此阶段,教师只充当观察者或助手,提醒学生注意某些形式及形式同意义的联系等,使他们顺利地完成任务。

(三)写作修改期

教师带领学生一起讨论他们的作文。教师先分析学生的汇报,并对诸如文章主题、说明主题的例句和观点等提出评判标准,然后,根据这些标准评价学生的作文。教师还可以利用质量不同的作文,让学生自己评判并产生一致的评价标准。最后,各组可以交换初稿,讨论并根据评判标准修改初稿。同伴的反馈很重要,它可以使一些标准内在化,并且提高他们独立评判他人和自己作文的能力。在此阶段教师还可以针对学生作文中出现的一些问题进行语法练习,使学生的作文在意义和结构表达上更准确、流利。

教师在教学过程中,可以根据具体情况灵活地运用和实施上述教学步骤,以达到最佳的教学效果。教师在运用此模式时,要注意以下两点:其一,在任务具体实施过程中,对意义和语言形式之间的尺度要注意把握。忽视任务内容,会导致执行任务的过程变成语言形式的机械操练,缺乏交际意义;而忽视语言形式,又无法促进学习者的中介语的发展。所以偏向任何一边都会使此模式失去真正的教学意义。其二,教学中选择任务时要有一定的难度，有一定的复杂性。因为任务过于简单会使学生感到厌倦，不利于学习。有组织的任务可使有限时间内的语言学习更有效。

总之，环境写作模式既教会学生怎样在完成一系列任务时运用自己的交际能力，又要求教师不能再用传统的教学法，而要与学生一起身处语言和交际涉及的各个方面。该教学模式体现了外语教学从关注教法转向关注学法，从以教师为中心转为以学生为中心，从注重语言本身转到注重语言习得过程。以任务为本的教学能最大限度地调动学生的主观能动性，培养他们运用语言克服困难，完成任务，并从中发展认知能力和处理问题的能力。

二、分阶段写作模式

分阶段写作模式把写作的重心放在学生的写作过程和写作能力上，以学生为中心，每个学生都能参与到写作活动中去。提倡学习者的相互合作，有利于学生了解自己的写作过程，充分发展他们的思维能力。学生在写作过程中能及时得到读者（老师、同学）的帮助、反馈和指导。分阶段写作模式在培养学生写作能力、调动学生的积极性和开发学生思维能力方面具有良好的作用。

分阶段写作模式要求通过分组讨论而实现学生积极参与及相互交流，强调通过教师对学生初稿、二稿、成稿的多次评改而实现教师监控及师生间的充分交流。可以说，教师是否组织、如何组织学生进行小组讨论及如何对学生的作文做出反馈是分阶段写作模式能否成功的关键。分阶段写作模式主张让学生进行适当的仿写练习。首先由教师对所选材料详细讲解，帮助学生理解文章的内容，了解文章的谋篇布局，分析作者的写作手法和技巧，然后让学生运用范文的框架，写出自己所要表达的内容。这种方法一直被视为学习写作的捷径之一，这也是它历来得到人们推崇的原因。分阶段写作模式强调扩大课外写作，课堂写作的时间毕竟是有限的，仅靠课堂写作训练是难以提高写作水平的。教师在课堂上应布置写作练习，让学生课外完成。此外，教师还应让学生养成用英语记日记的习惯，把自己每天想说的话或所发生的事情用英语记下来，锻炼英语思维能力和写作速度。分阶段写作模式具体包括以下三种模式：

（一）三阶段写作模式

三阶段写作模式通常分写前准备、写作、修改三个阶段进行。三个阶段不是线型排列的，而是循环往复、穿插进行的。写作者构思、写作、审阅、修改；再写作、再审阅、再修改……这是一个相互交叉、相互包含的过程。每一个阶段在最后成稿之前都可能被多次重复，文章也会经过多次修改，不断趋于完善。几个阶段反复交替进行，互相渗透、依赖，任何一个阶段都可能在另一阶段进行中出现，循环往复，贯穿于整个写作过程。

（二）四阶段写作模式

目前英语写作教学中，常用的分阶段教学模式主要是四阶段模式。所谓四阶段模式是指写作过程按四个阶段进行，即命题讨论阶段、完成初稿阶段、深化主题阶段及编辑成稿阶段。

第一，命题讨论阶段。改变以往由老师直接命题的做法，而由老师和学生双方共同提供素材，所选素材可以是师生双方均感兴趣的话题，贴近学生的思想生活，符合其认知阶段的特点，并在其语言驾驭能力的范围之内。组织学生就这些话题进行自由讨论，让学生各抒己见来确定文章写作角度及可利用的素材。在这一过程中教师不要强求学生完全确定自己要表达的所有观点。

第二，完成初稿阶段。学生在讨论的基础上提炼出自己的观点，悉心审视并围绕中心议题展开讨论，尽可能充分地支持自己的观点，并打腹稿。然后学生对腹稿进行取舍，整理出一个提纲，在此基础上进行初稿写作。这样学生在经过自由讨论后所完成的初稿，改变了以往内容空洞、条理不清的状况，能够比较清楚地表达自己的观点。

第三，深化主题阶段。在这一过程中，学生就已完成的初稿进一步展开讨论，内容不仅涉及文章意欲表达的观点，而且包括文章的语言形式及组织结构等。讨论过程一方面将有助于文章主题的进一步深化，另一方面会有助于学生进一步巩固所学的语法和词汇知识。学生在作文中的错误由他们自己发现并进行改正，教师在一旁给予必要的指导及讲解，并加以归纳总结，这样可以使学生的语言体系渐趋完善。这一过程本身对于学生写作能力的提高具有深刻的意义。学生然后根据老师、同学的意见单独或与其他小组成员一起修正初稿。

第四，编辑成稿阶段。学生通读全文，再次审视文章的内容和结构，进行必要的补充、删减和润色，使文章更加准确地传达意欲表现的观点，最后编辑成稿，交给老师批阅。

（三）五阶段写作模式

五阶段模式即写前阶段、起草阶段、修改阶段、定稿阶段、反馈阶段。该模式强调对学生写作的反馈。教师在批阅作文时，应注意发掘学生作文中的优点，给予肯定和鼓励。批阅后的作文应在课堂上发还给学生，让他们根据教师的标记或符号找出自己的错误并加以改正。学生可以随时向教师请教，还可就教师的评语与教师进行讨论。教师还可以就具有普遍性的问题在课堂上统一评讲，把优秀作文作为范文评讲。这样的教师反馈才能对学生有实实在在的帮助，而不是流于形式。

三、头脑风暴写作模式

（一）头脑风暴的基本特征

头脑风暴法（Brainstorming，简称 BS 法）或称智力激励法，是一种集体开发创造性思维的方法，它能广开言路，激发灵感，通常围绕一个话题，在个体头脑中掀起思想风暴，让所有的参与者畅所欲言，并以此诱发集体智慧，挖掘各种有用的信息乃至形成思路。

（二）头脑风暴写作模式的步骤

头脑风暴写作模式在写作中的应用可以分为审题阶段、初稿阶段、修改阶段和讲评阶段四个环节。

1. 审题阶段

教师提供一个作文题目，学生根据该作文题进行审题立意时，可以采取头脑风暴法，意即像暴风骤雨一样给头脑以猛烈冲击，碰撞出思维的火花，选定并围绕一个主题，大家开怀畅谈，在较短时间内，自由地、尽可能多地提出自己的想法。教师要把学生谈到的主题一个不少地板书在黑板上。对所板书的内容，教师最好设计成一定的图形，为学生编制一张脑海图，以利于学生发挥想象力，促进思考。

2. 初稿阶段

完成审题后，教师要求学生用所学过的语言知识来构思，尽可能快地将他们脑海中的这张脑海图草拟成文。教师要对学生讲明这时可暂不考虑布局、语法等问题，而是先把自己的想法用英语记载下来，要求把黑板上板书的词都用上，不要遗漏任何信息，尽量用简单的句子把完整的意思表达出来。在第一遍草稿初步完成以后，教师再让学生重新考虑作文的布局谋篇、语法、拼写、标点符号等方面的问题。这时，教师要精心观察学生的写作活动，给他们一定的指导。

3. 修改阶段

修改应包括学生互相修改和作者本人的修改。在英语写作时，个人学习应该和同学间的互相帮助、交流、切磋相结合。教师可以按座位的前后将学生分为四人小组，让学生相互批改。教师也应参加这种现场修改活动，指导学生对作文修改可以从结构是否合理、语句是否正确等方面着手。批改者对有疑问的地方做上记号，待互相讨论取得一致意见后再更正，若遇有争议的问题，可当场请教老师。互相批改以后，重新行文。最后，教师要求学生再对全文通读几遍，琢磨一下是否符合要求，尽量做到准确无误，如发现错误，可做最后修改，誊写工整，交教师批阅。

4. 讲评阶段

教师在批阅过程中，应该认真记录习作中存在的带有普遍性和典型性的错误，为讲评课作材料准备。因为教师的批改固然重要，但讲评更重要。讲评首先应该包括文章结构、思想内容，其次才是细节（包括语法、词汇、拼写等）的讲评。如果时间有限，讲评可以安排在下一课时。教师在课堂上对学生进行了这样的写作训练以后，还应使他们对英语写作过程内在化，要在他们的脑海中清晰地留下这样一幅图。

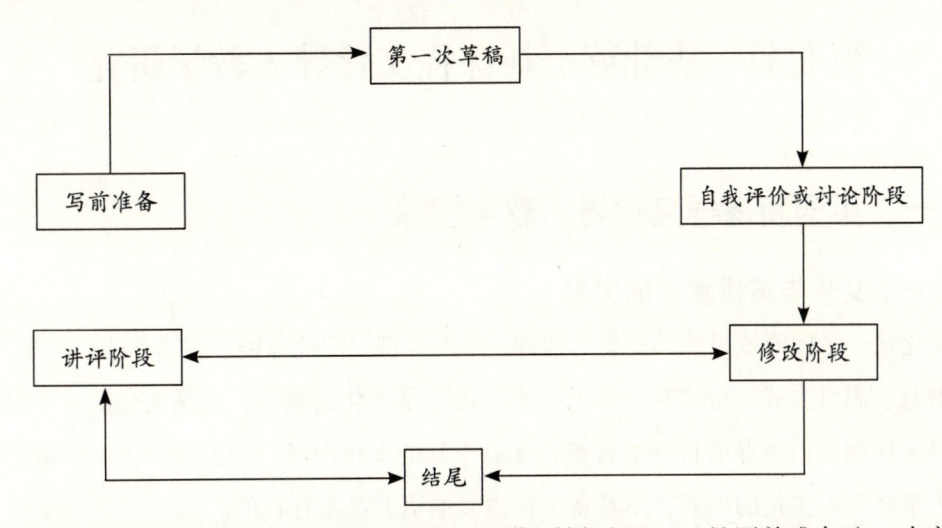

```
写前准备 → 第一次草稿 → 自我评价或讨论阶段
                              ↓
讲评阶段 ← 修改阶段
   ↑         ↓
   └── 结尾 ──┘
```

头脑风暴写作模式对于学生课下的独立写作同样适用，只是写前准备这一步变为学生个人的材料收集，应要求学生尽可能详细地把可以想到的与主题有关的词汇画成一张脑海图。接下去的一步是用来自脑海图的完整材料写出第一次草稿。成文后，通观全文，调整全文的布局，确定增删的内容，纠正错误的拼写及标点符号的误用，完成第二稿。然后对第二稿进行校对，检查有否遗漏任何信息及大小写等问题。最后，完成誊写，定稿。

（三）对头脑风暴写作模式的思考

1. 头脑风暴写作模式的优点

提倡教师指导下的以学生为中心的学习，创设符合教学内容要求的情境和提示新旧知识之间的联系，利用学生的创造性思维能力，让所有的学生进行思维碰撞。构成了有梯度的连续系列过程：任务—激活—交流—再现—重建—创造。注重激发学生的学习兴趣，帮助学生形成学习动机，重视写前的行为指导和行为矫正，能把写的行为配合想的过程，并把想的成果体现在纸上。这种关注过程的写作方法，有利于学生了解自己的写作过程，提高写作能力。另外，它还提倡生生之间、师生之间的协作学习，通过讨论与交流，引导学生发现规律和加深对所学内容的理解，可以充分调动每个学生自主学习的积极性，从而进一步提高学生的自主学习能力。

2. 头脑风暴写作模式的要求

教师应注意把握课堂气氛，安排好各阶段的时间，既不限制学生思维的发散，又不使课堂失去控制。学生熟练掌握了该模式的整个写作过程以后，教师要注意培养学生在短时间内完成写作的技巧，尽量要求他们每篇短文在 30 分钟内完成。另外，教师要延迟评价，鼓励学生提出各种改进意见、各种想法，以此培养学生的创造思维和主体精神。

第七节　基础英语新课程文化导入教学研究

一、英语新课程文化导入教学目标

（一）文化与英语教学的关系

文化是一个国家或民族的历史、地理、风土人情、传统习俗、生活方式、文学艺术、行为规范、思维方式、价值观念等的总和。语言是文化的载体，也是文化的一个重要组成部分。任何一门现存的自然语言都包含有丰富的文化内涵，小至单词大至语篇的各个层面上都体现出文化的因素，不具备文化内涵的语言是不存在的。

在现代英语教学中，文化与语言的关系日益受到人们的重视。一个英语学习者，如果不了解英语国家的文化，就不能正确理解和使用英语。语言学习者实际上是文化学习者。英语学习者应当在学习过程中不断建立和发展文化敏感性，在语境教学与真实的语言活动中逐步克服在学习过程中产生的文化差异。在用英语进行交际活动时，学生要学会依据英语国家的文化习俗恰当地表达思想的本领。学习英语要与英语国家的文化结合起来，否则，学生在使用英语同外国人进行交流时将会产生误解，影响交际效果。

（二）英语新课程文化导入教学的目标体系

我国的英语新课程标准对文化导入教学目标进行了分级描述：

表 1　英语新课程文化教学目标

级别	目标描述
二级	1. 知道英语中最简单的称谓语、问候语和告别语 2. 对一般的赞扬、请求等做出适当的反应 3. 知道国际上最重要的文娱或体育活动 4. 知道英语国家最常见的饮料和食品的名称 5. 知道主要英语国家的首都和国旗 6. 了解世界上主要国家的重要标志物 7. 了解英语国家中重要的节假日
五级	1. 了解英语交际中常用的体态语，如手势、表情等 2. 恰当使用英语中不同的称谓语、问候语和告别语 3. 了解、区别英语中不同性别常用的名字和亲昵的称呼 4. 了解英语国家中家庭成员之间的称呼习俗 5. 了解英语国家正式和非正式场合的服饰和穿戴习俗 6. 了解英语国家的饮食习俗 7. 对别人的赞扬、请求等做出恰当的反应 8. 用恰当的方式表达赞扬、请求等意义 9. 初步了解英语国家的地理位置、气候特点、历史等 10. 了解常见动植物在英语国家中的文化含义 11. 了解自然现象在英语国家中可能具有的文化含义 12. 了解英语国家中传统的娱乐和体育活动 13. 了解英语国家中重要的节假日及主要庆祝方式 14. 加深对中国文化的理解
八级	1. 理解英语中常见成语和俗语及其文化内涵 2. 理解英语交际中常用典故或传说 3. 了解英语国家中主要的文学家、艺术家、科学家的经历、成就和贡献 4. 初步了解主要英语国家的政治、经济等方面的情况 5. 了解英语国家中主要大众传播媒体的情况 6. 了解主要英语国家与中国生活方式的异同 7. 了解英语国家人们在行为举止、待人接物等方面与中国人的异同 8. 了解英语国家主要宗教传统 9. 通过学习英语了解世界文化，培养世界意识 10. 通过中外文化对比，加深对中国文化的理解

1. 二级目标分析

二级目标中的七个教学目标，可以归纳为两类：一是掌握英语文化的知识（第一、第三、第四、第五、第六和第七个目标）；二是培养学生在实际的交际过程中应用英语文化知识的能力（第二个目标）。

2. 五级目标分析

五级目标中的十四个教学目标，可以归纳为三类：一是掌握英语文化的知识（第一、第三、第四、第五、第六、第九、第十、第十一、第十二和第十三个目标），在这些目标中，对学生掌握英语文化知识的程度作了区分，第九个目标定为"初步了解"，其余为"了解"；二是培养学生在实际的交际过程中应用英语文化知识的能力（第二、第七和第八个目标）；三是培养学生加深对我国文化的理解（第十四个目标）。

3. 八级目标分析

八级目标中的十个教学目标，可以归纳为三类：一是掌握英语文化的知识（第三、第四、第五、第六和第七和第八个目标），在这些目标中，同五级规定的教学目标一样，也对学生掌握英语文化知识的程序作了区分，第四个目标定为"初步了解"，其余为"了解"；二是培养学生对文化的理解能力（第一、第二和第十个目标）；三是培养学生的国际视野（第九个目标）。

我国的英语新课程标准对文化教学目标进行了分级描述，比较详细具体，具有较强的可操作性。它除了提出要培养学生在实际的交际过程中应用英语文化知识的能力之外，还指出应该通过对中外文化的对比，加深学生对我国文化的理解。

二、英语新课程文化导入教学的原则

语言和文化密切相关，英语教学不可避免地要涉及文化内容的教学。在中小学英语教学中，实施文化导入教学要遵循以下原则。

（一）系统连贯原则

在课堂教学中，根据教材内容的需要导入适当的英语文化内容具有一定的局限性，如文化知识的学习不成体系，文化知识结构不完整等。因此，教师在对英语语言方面的教学进行一学年或一学期的总体规划时，也应对英语文化的教学进行总体设计，努力使文化教学具有一定的系统性和连贯性。根据教学的实际需要，教师可以对英语文化进行专题介绍，如"英语交际中常用的体态语""英语国家中常见的饮料和食品名称"等。

（二）循序渐进原则

循序渐进原则主要是指英语文化内容的导入应该考虑学生的年龄特点和认知能力，由浅入深，由简到繁，对文化内容进行逐步的扩展和深化。英语教学在起始阶段应使学生对英语国家文化及中外文化的异同有粗略的了解，教学中涉及的英语国家文化知识，应与学生身边日常生活密切相关并能激发学生学习英语的兴趣。在英语学习的较高阶段，教师要通过扩大学生接触异国文化的范围，帮助学生拓宽视野，使他们提高对中外文化异同的敏感性和鉴别能力，进而提高跨文化交际能力。

（三）质量合适原则

所谓合适，一是指在质上，教学内容要精选、实用；二是指在量上，数量上要适度，不能喧宾夺主，本末倒置。合适性原则要求教师精心准备一些与学生所学的语言内容密切相连的，与日常交际所涉及的项目及一般话题密切相关的文化内容。比如，教授"What's your name？""How old are you？"等问句时，我们不可能因为这涉及隐私（privacy）而不教。相反，这些都是在基础阶段应掌握的。但教这些用语时，教师不宜用对等的中文"理解"和"模仿"一下就完事了，要说明其语用、文化含义，讲清这些属隐私问题，不能随便问。

（四）手段多样原则

现代教育技术的发展使我们的教学手段变得丰富多彩，教师可以从视觉、听觉和触觉三个方面为学生提供学习文化内容的渠道，满足学生的不同学习风格。如实物、电影、录像、录音、CD、电视、因特网、访谈、报章杂志、文学作品、趣闻轶事、插图、照片、歌曲等都可以被教师开发成教学资源。

三、英语新课程文化导入教学的途径

（一）教材文本

英语课程使用的教材是学生学习和教师教学的重要内容和手段，是导入和学习英语国家文化内容的重要渠道。了解英语国家的生活方式是培养学生文化意识的重要内容之一。

（二）文化旁白

文化旁白在《外语教学与文化》）（胡文仲、高一虹著，1997）一书中被提到过，即在语言教学中，就有关内容加入文化的介绍和讨论。该方法具有一定的有效性及灵活性，能多方面激发学生对所学内容的兴趣，适宜初、高中英语教学。

有些文化内容光是凭教师一张嘴、几根粉笔、一块黑板进行讲解，会让学生感到枯燥乏味，不能生动再现文化的内涵及实质。因此，教师可在平时注意收集有关的电影、录像、图片等资料，让学生通过观看英语国家日常生活场景的资料，如餐馆服务员与顾客的对话，机场工作人员与乘客的对答，打电话时的用语及各种场合的谈话，引导学生观察谈话者的语调、音调、谈话风格、表情动作、服饰等，在观赏间隙或之后进行文化分析、评价，以加深对英语国家文化风俗和习惯的了解。教师还可利用当今信息来源广泛的便利条件，制作多媒体课件，向学生直观再现英美等西方国家的文化，并做好跨文化的对比教学。

（三）报告活动

教师可以在每节英语课上，利用几分钟的时间举行报告活动，报告者既可以是教师，也可以是学生，还可以是校外专家，但要以学生为主，以便能够为学生真实地运用英语提供一个练习平台。例如，教师可以设计一个"历史上的今天"的专栏节目，组织学生就历史上的今天所发生的国内外的重要事情，在课内外广泛搜集信息，整理成口头英语报告。在每次英语课上的报告活动时间里，学生把他们自己整理好的英语报告口头呈现给同学。如果有必要，学生还可以在教师的帮助下利用多媒体手段进行呈现。

教师也可以把日历和教学的实际需要有机地结合起来，把每个月的中外节日作为专题，组织学生成立合作小组，分工查找相关资料，并在课堂上进行讲解、演示。这些活动可以培养学生合作、探究的学习态度，增强其跨文化意识。

（四）课外学习

学校可以通过校内的英语广播、板报和其他的英语活动，如英语周、英语竞赛等途径，有效地导入英语文化内容。英语广播可以迅速、及时地报道国内外发生的重大事件和文娱、体育等活动，如新年音乐会、奥运会、世博会、体育赛事等。板报可以专门开设英语学习园地，介绍英语国家的风土人情、幽默故事、笑话等。英语周、英语竞赛等活动可以活跃学校的英语学习气氛，激发学生学习英语的兴趣。

学生除了在学校可以接触到英语国家的文化知识之外，校外也为学生学习文化内容提供了丰富的学习资源，如网络、图书馆等。教师可以组织学生就某些感兴趣的题目和热点问题，进行合作学习，确定研究主题，明确组员分工，到图书馆或网上搜集资料，最后在课堂上进行汇报展示。教师在组织这样的活动时，需要对学生进行一定的指导，如提供与研究主题相关的参考书目、网址；在网上查找相关资料的英语关键词；搜集、筛选和整理资料的方法；展示研究成果的技巧、方式等。

语言和文化密不可分，交叉渗透。人们在运用语言进行交流思想、表达情感时不可能脱离文化、脱离产生文化的社会环境，因此使用语言进行交际会折射和反映出一定的社会文化。产生文化的社会环境复杂多样，文化也由此变得丰富多彩。在英语教学的过程中实施文化教学，我们应该注意英语文化的多样性，如传统的、现代的、生活方面的、工作方面的等，以求能够客观、实际、全面地反映英语文化。

第八节　基础英语新课程选修课教学

一、英语选修课的设置原则

选修课不是为了应试而设置的复习课，不是必修课的补习课，也不是大学层面的选修课。所有学校除了开设达到毕业要求的选修课之外，还应从学校实际出发，综合考虑社会发展的需求，学生的学习愿望，合理开设其他选修课程，以保证每个学生都有选择的可能。开设选修课应遵循以下原则：

（一）丰富性原则

开设选修课，首先要注意丰富课程资源。只有课程资源丰富了，学校才有可能开设选修课。选修课的教学内容要优化，既要有拓展性，也要考虑到可行性；既要有地方特色，又要体现跨文化的特性。例如旅游资源丰富的地区，学校可以开设初级旅游英语；经济发达地区，学校可以开设文秘英语、初级经贸英语等。

（二）规范性原则

要根据选修课的特点，加强教学规范管理，确保课程教学质量。既要注意保护教师的积极性，也要对教师提出相应的要求，避免教学的随意性。首先要保证新开课程具备相应的开课条件，符合开课的基本要求。在具有丰富课程资源的条件下，同一模块的课程要进行认真比较和筛选，并非任何有利于扩大学生知识面的内容都要作为一门课程开设，有些可通过讲座或兴趣活动小组等形式介绍给学生。对新开课程认真把关，既有利于保证课程的教学质量，也利于保护师生的积极性。其次对新开课程要在教材教参准备、教学计划制订、教案（笔记）编写、作业布置与批改、学生考勤督促和考试质量把关等方面提出明确的要求，并切实进行检查落实，防止出现随意现象。

（三）计划性原则

选修课不是一个随意性的教学行为，也不是给学生额外增加的负担，一定要将选修课纳入教学计划。不断加强课程建设，逐步完善课程体系，建立新的课程制度。要求选修课的教师必须提出本课程的教学目标、学习要求和学习建议及授课实施计划，制定出适应该选修课特点的考查办法，列出学习本课程需要的参考书目或其他文献资料目录。加强对选修课的考核方式和考核效果的管理。

二、英语选修课的教学策略

（一）教材的选择策略

选修课的内容，一要注意与必修课知识的联系，使学生把从必修课中获得的知识、技能、情感、意志等到选修课中去实践、去发现、去求知；又以选修课中获得的知识、能力去补充、强化必修课知识。二要注意发挥选修课在激发学生学习兴趣方面的优势，尽量使内容之间互相搭配、互相补充。三要注意发挥选修课在培养认识能力及自学能力方面的优势，关注听、说、读、写四个层面的训练，使学生通过选修课的学习，其英语综合素质得到理想的发展。教材的选择是决定选修课质量优劣的一个重要因素。怎样才能通过英语学习中的多种实践活动使学生获得适应社会和自我发展的基本能力？不少立志于英语教学改革的教师在这方面虽然已经进行了可贵的探讨，但广大教师仍然期待着能有合适的选修教材，以满足新世纪人才的需要。在此，我们向广大英语教师及学生介绍《素质英语中学英语选修课丛书》。

这套书由四套素质教育系列教材组成：《学识拓展》《生存技能》《每日健康》和《理财指导》。《学识拓展》和《生存技能》适合初中英语选修。《每日健康》系列涉及安全、保险、体育、保健、饮食和家庭生活方面等方面知识，内容丰富。通过大量的实践活动，学生可以充分地认识到健康的重要性，有利于学生养成良好的生活习惯，安全健康地生活。《理财指导》是一部金融方面的小百科全书，教给学生有关消费者权益、各种支付方式和购物方式及金融方面的知识，引导学生学会合理消费，精打细算地理财。《每日健康》和《理财指导》具有鲜明的时代性。所有话题和内容都围绕着当代生活展开，与我国社会需要相贴近。课文内容编排及呈现方式符合认知规律，学生通过各种实际能力的练习和社会实践活动，可以逐步掌握独立生活的技巧。该丛书系统性强，每单元增加导读、文化背景、学习目标和语言难点，便于教师根据学生的实际情况分层使用。

《展望未来》也是一套很好的选修教材，教师可以根据需要加以利用。这套教材是在欧洲委员会的协助下，由英国朗文出版社、英国广播公司、剑桥大学出版社、英国文化委员会合作编辑出版的全新的英语教材。全套教材分四册，每册15个单元，每单元有3～4部分，每部分都是围绕单元主题而设计的。每部分前面的Focus列出了学习重点。教材中设计了四种技能的不同层次的练习。每单元都与实际生活相关，使用了真实的原文材料。教材的一、二册属于初级教程，两册词汇在2000～2500个。第一册以简单的日常会话交流为主。第二册内容加深，阅读量加大。第三册是中级教程，词汇量是第二册的两倍。阅读量大，主要涉及科学发展、生活方式、人物及景色描述等内容，注重学生的综合表达能力。第四册是最高阶段,对西方文化背景的介绍更加深入。《展望未来》将英语学习与现实生活有机地结合,选材新颖,内容丰富,注重启发学生去观察、发现和解决问题。以学生为主体,循序渐进地培养学生的综合能力。需要注意的是,该套书的二、三册比较适合大多数学生,教师在选择教学内容时应充分考虑到学生的现有水平和需要。

(二)学生选课指导策略

必修课与选修课并行的课程体制对学生自主规划学习的能力提出了新的要求。教师要给学生提供一定的指导,鼓励学生根据自己的特点,自主选课,让学生理解选修课既是为了满足自己当前的学习需要,也是为了规划自己人生的需要。加强对学生选课的指导工作,可以从以下方面进行:

一有规定,即对学生选修课做出适当的规定或限制,以避免学生在选择选修课时的盲目性。

二有范例,即为几种类型或几种不同发展倾向的学生相应地提供几种不同的课程计划,作为范例,以供学生参考。

三有指导,即对开设选修课的内容、目的、作用等做详细的介绍;每学期选课之前可将公共选修课课程和任课教师的基本情况张榜公示,以利于学生了解和选修,做到有的放矢。引导学生选修理想的课程。

四有课程预选制度。学校可以让学生根据自己的需求对选修课进行预选,然后学校根据预选人数再合理安排任课教师和教学班级数量,使学生都能选修到自己喜爱的课程,激发学生自觉学习的主动性和积极性,提高教学质量。

第九节 基于新课程理念的基础任务型英语教学

英语新课程标准在"教学理念"部分指出倡导任务型的教学模式,在"教学建议"中专门列出倡导任务型的教学途径,培养学生综合语言运用能力,并指出教师应该避免单纯传授语言知识的教学方法,尽量采用任务型的教学途径。因此,我们必须在总结国内外任务型英语教学研究的基础上,结合我国当前新课程改革的实践,积极探索符合我国实际的任务型英语教学模式。

一、任务型英语教学设计

（一）任务型英语教学的教学准备

教学准备就是我们通常所说的备课，就是在进入课堂教学之前教师进行的全部准备。迄今为止，我国对中小学英语教学中的教学准备的系统深入的理论研究并不多，严格意义上说，我们对整个中小学英语课堂教学过程的理论研究都不多，更谈不上深入。为此，我们必须从研究分析教学实践入手，借助理论的指导，来研究课堂教学。

我们要从准备人员、准备对象、准备内容、准备方式等几个方面对教学准备要素进行研究分析。

1. 准备人员

准备人员应该包括教师、学生、专家与其他人，而不只是教师自己，应该说准备人员主要是教师，但也包括学生、专家与其他人。准备在相当程度上是以教师为主的活动，教师应为教学进行长期和当前准备。

（1）教师的长期准备。教师的长期准备包括一般教育理论、英语教育理论、英语知识及其他相关知识、英语运用能力、英语教学能力（含课程实施能力、教材分析能力、课堂教学能力、英语教学方法技巧与教学艺术、学生分析能力）、一般教育技术和英语教育技术、个人心理等方面的准备。

教育理论和英语教育理论的不断发展要求英语教师不断学习新的教育理论和英语教育理论；知识在不断更新，英语教师必须不断学习新的知识；英语教师要培养学生运用英语的能力，自己当然必须具有足够的运用英语的能力；英语教学能力是完成教学的基本保证，而教学方法、技巧和艺术，特别是充满激情的符合学生兴趣、针对学生真实困难、遵循学生英语学习机制的教学艺术，更是英语教师必备之术。同时教师还必须具有分析把握学生真实学习目的、兴趣、困难、学习机制、心理生理状态、已有知识能力构成等学习者因素的能力。

教育技术，特别是当前的计算机辅助教学技术，能提高教学效率，加强教学效果，同时教育技术的进步也要求教师不断地学习新的教育技术，形成新的运用技术辅助教学的能力，在当前主要是计算机辅助教学技术与互联网应用技术。

教师还应不断调整自己的心理状态，保证以尽可能饱满的热情进行教学，尽量避免自己的社会生活心情对教学心情的干扰。

（2）教师的当前准备。教师的当前准备包括对当前教学内容的分析、对当前教学所需的教学方法和教育技术的选择与设计、对学生当前因素的分析、对当前的个人心理的分析把握等。

人们在讨论教学准备时通常都只讨论教师的准备，其实准备还必须包括学生的准备。学生的准备应该包括对已学内容、已有知识的复习整理、对新的教学内容的预习、对教师教学准备的参与和必要支持、对教师安排的课前的教学准备活动的完成等。我们必须要求学生参与教学准备，而且学生的参与能大大提高教学效率和教学的针对性。不过，这里讨论的仍是教师的教学准备中的学生参与，而并不是学生的学习准备。

教学准备活动也可以依靠专家和其他教师的参与，比如集体备课、向专家和其他人请教、专家和其他人进行课前指导等，教师应有意识地借助他人智慧帮助自己进行教学准备。

2. 准备对象

教学准备对象应该包括教学内容和学生，也就是通常所说的备课要备教材、备学生，同时还必须备教师自己。

教学内容是直接的准备对象，课文、练习册、运用项目、课外实践活动是重要的教学内容，因为这些是重要的训练和实践的材料。学生也是准备对象，对学生的准备则必须强调真实、全面，要准确把握学生真实全面的兴趣、真实全面的困难、真实全面的英语学习机制、真实全面的心理生理特点、真实全面的已有知识能力。备课还必须备教师，备自己的知识能力，备自己的心理和情绪（根据教学需要及时调整情绪是教师必需的），备自己的教学准备。

3. 准备内容

教学准备的内容应该包括与教学有关的一切内容，其中最重要的就是任务的准备，这是学生能否通过教学活动获得运用英语的能力的关键。此外，例句是学生学习语言结构知识并掌握如何运用相关结构的重要的教学内容，练习也是帮助学生巩固和掌握所学知识和能力的非常重要的教学内容。这些内容的重要性常常被忽略。

4. 准备方式

教学准备的方式可以是口头的、书面的、电子的等。教学准备的有些内容需要用口头形式完成，比如学生预习单词的读音、教师向学生进行简单的口头调查、教师或学生事先准备的故事等。

教师必须撰写教案，更必须进行必要的课堂教学书面材料的准备，特别是完成任务必需的辅助的书面材料的准备等。电子方式的准备不仅包括多媒体电子教案的准备，更包括辅助教学电子材料的准备，比如为了教学活动开设一个专门的电子信箱，甚至设计一个专门的网页，设计一个虚拟的网络人，为学生建立与外国学生的网络联系等。

· 115 ·

（二）任务型英语教学的任务设计

任务设计的程序应该包括以下四个步骤：分析背景、分析教学内容、设计任务、选择教学材料。

1. 分析背景

教学准备首先应分析教学的社会因素、文化因素、语言因素、教育因素、教学因素、心理因素等，分析的对象可以包括社会、学校、教师、学生、教学过程、教学策略、教学方法和技巧、教育技术等。

2. 分析教学内容

依据任务型英语教学，分析教学内容应该准确把握教学内容的运用能力目的。把握教学内容的运用能力目的的基本办法是还原法，就是把教学内容不当作教学内容，而是还原到真实生活的语言形态中去，然后分析我们在真实生活中运用这一语言形态的真实生活目的，如阅读目的、学习目的、写作目的、交谈目的、表演目的、娱乐目的等。

比如，教学内容是一段 Sam 和 Amy 在上学路上谈论天气的对话。如果我们的学习任务是听，那么在真实生活中，我们什么时候会听到这样的对话？我们知道在与他们同行时，会听他们的对话，或者看他们表演对话时，会听他们的对话；或者要学习如何谈论天气时，会找到这一段对话来模仿学习等。这就是还原法。

再比如，阅读一则关于中国航空公司购买大型计算机的新闻报道，那么阅读这篇新闻的目的是什么？认真分析这篇新闻调查的学习目的是什么？作者写这篇新闻调查的目的是什么？（如果是对话，则要分析谈话者的交谈目的是什么？）

我们可以分析出截然不同的阅读目的：一般读者可能是为了了解新闻，有人可能是为了获得计算机运用的信息，有人可能是要寻找一个说明中国国有企业实现正常发展离不开技术支持的分析，有人可能是为了了解中国民航这个特大企业的经营现状与发展前景，有人可能是为了寻找一个技术有利于提高经济效益的案例，有人可能是为了说服他人中国民航工作很有前途，有人可能是为了学习新闻写作，甚至有人是为了获得中国经济发展现状的经济情报，或者是分析中国民用航空转为军用航空能为中国增加多少军事实力，等等。虽不尽相同，但都有可能。

那么，我们认真学习这篇新闻调查的目的又是什么呢？可以是详细地理解这篇新闻以便发现自己需要的信息，可以是学习英文的新闻调查写作的篇章结构，可以是学习一些新闻写作或客观描述他人观点的语句结构等。最后，作者写这篇新闻调查的目的是什么呢？显然是为了正面反映中国民航通过技术改造提供更好的服务这一变化。

任务设计的前提是把握课文的运用能力性教学目的，因为任务的本质特性就是运用性。

3. 设计任务

设计任务是任务型英语教学能否培养运用能力的关键。设计任务必须依据我们分析教学内容时把握的运用能力目的。

我们知道，运用同一语篇的目的可能有很多，但任务只能有一两个。若任务太多，学生无法一次完成。为此，我们应在学期开始前，对全学期的教学内容进行总体分析，根据教学内容确定每一单位教学内容（比如每课）的能力培养目标，制订出全学期的运用能力培养计划，这样就能做到有计划，不重复。然后依据本课的能力教学目的设计出相应的运用任务。若没有时间制订全学期的能力培养计划，则每节课选定一个能力目标，但要注意不断核对以前的能力目标，看是否有太多重复。当然，必要的重复还是应该的，因为运用能力的培养不可能在一节课的教学中完成，而是需要反复学习培养。

（1）真实任务的绝对性与相对性。任务是否真实是任务型英语教学的关键。这个真实包括语用真实、语境真实、语义真实、目的真实、兴趣真实、困难真实、学习机制真实等。在目前，我们尤其要强调语用真实，因为目前的很多教学活动在语用上不真实。

教师在进行教学准备时，应该充分把握学生当前的真实兴趣爱好，按照学生的不同兴趣编排不同的教学内容，安排动态的、符合学生真实兴趣的运用任务。比如，在新学期开始时学生可能对各自的假期生活有深厚的兴趣，教师则可安排学生向外国学生或者英语杂志、英语网站等介绍自己的假期生活。又如，在奥运会举办期间，学生们对中国运动员获得了多少金牌很感兴趣，教师则可安排奥运新闻报告会、奥运金牌预测等活动，也可能全班绝大多数同学都在阅读同一部文学作品，教师则可以组织一次对这部文学作品的介绍和讨论。

如果教师在进行教学准备时认真分析了学生当前的真实兴趣，然后按照学生当前的真实兴趣编排教学内容和教学活动，学生的学习主体性就能在教学过程中得到充分发挥，学生就会带着浓厚的兴趣学习教学内容，参与教学活动，这必然有利于提高教育质量和教学效率。

教师应该在教学准备中准备英语语言真实的教学内容，特别是例句、练习等教学内容；编排相符的真实语境、能表达真实的英语语义和能进行真实语用训练的教学活动。这样，学生在课堂上学到的是真实的英语，参与的活动是按照真实的英语语义、语境和语用原则编排的，运用英语的能力在学习过程中自然得到提高。这样的教学准备肯定有利于提高教育质量和效率。

任务应该是来自真实生活的，但根据中国是非英语语言社会这一现实，任务的真实也可以具有相对性，也就是说，指向真实生活的运用任务也可以视为真实的运用任务。

（2）任务的设计程序。我们可以直接从真实生活中选择适合的任务，但可能很多直接来自真实生活的任务对学生来说难以完成，或者是能力差距太大，或者是不符合学生的真实兴趣，也可能难以针对学生的真实困难。因此，任务设计就显得非常必要。课堂教学中的任务必须依据课堂教学内容开展，设计教学内容可依照以下程序：

①分析教学内容，在把握教学内容的知识性目的的同时，分析出教学内容的运用能力性目的。需要注意的是，目前只有《新标准英语》等少数教材明确指出了教学内容的运用能力目的，还有很多教材并没有为教师指出教学内容的运用能力目的，而我们很多教师也往往根本不分析教学内容的运用能力目的。

②从教材提供的运用任务建议中选择适合的任务（目前《新标准英语》提出了明确的运用任务建议），根据不断变化的真实教育因素和教学因素调整任务，设计出具体的运用性任务。若教材没有提供任务建议，则可以根据实际条件，自己选择或创造适合的任务。

③检查任务是否符合任务的特征，并根据需要进行适当调整。教师设计的任务科学与否，是可以在教学准备中核准的，因此我们制定好任务之后，必须自我反省检查，看语用、语境、语义、目的是否真实，并到学生中进行核准，看我们设计的任务是否符合学生的真实兴趣和真实困难。

（3）完成任务的途径。在中国这个非英语语言社会中，缺乏足够的英语环境让学生在社会生活中自然地缺少运用英语能力的可能。因此，教师可以采取以下措施，来帮助学生完成任务。

①网络途径。在当今中国这样一个开放的时代，我们比20世纪六七十年代的英语教师更幸运，因为我们拥有了很充分的国际联系，特别是国际互联网的出现，更是为英语教学提供了革命性的机遇。教师可以通过互联网建立国际联系，有很多的国际英语教育网站，都免费提供英语学习指导和辅导，也很欢迎学生们经常访问、提问及建立直接的联系。通过这些联系，我们的学生可以非常直接地与英语国家的人进行直接的交往。现在网络的收费很低，是低成本的国际联系方式，更是非常真实地运用英语的环境。我们非常鼓励英语教师帮助学生通过网络建立直接的国际联系，设计基于国际互联网的真实运用任务，开展基于国际互联网的英语教学。

②社会环境。现在我国已经形成了广泛的对外开放局面，大量的外国游客来中国旅游，也有很多外国人在中国工作和学习。现在比以往任何时候都能更容易通过学校所在的社会，建立真实的英语运用的社会环境。

比如可以与地方旅游部门建立联系，欢迎外国客人来学校参观，与学生座谈，或者派学生参加当地组织的一些国际性的旅游活动，或者与学校附近的外国工厂、企业、学校等建立联系，与在这些单位工作、学习、生活的外国人及其家人建立直接的联系。还可以通过外事部门，参加一些国际性的学生活动，如外国学生来访，或者中国学生出访，或者组织国际性的夏令营等。

③教育环境。英语不仅是社会性的语言，对于中国的中小学生来说，它更主要的是教育性语言。因此，我们可以采取以下措施建立真实的运用英语的教育环境。

第一，要求每个学生找一个英语学习的笔友和一个英语学习伙伴（English Learning Partner，ELP）。笔友可以是国外的，也可以是国内的，但不能是本地的，否则没有通信的真实必要。学习伙伴应该是本校的或本地的，能经常见面的，但不应该是本班的，否则就失去了经常交谈的真实必要。笔友可以互相通信、写贺卡、发电子邮件。学习伙伴应定期见面交谈，比如每周一个下午为全校 ELP time。

第二，要求每班办一份英语报纸或每校办一种英语刊物。班上的报纸可以是黑板报、墙报等，也可以是印刷品，更可以是电子报。英语刊物可以是油印的，也可以是比较正式的印刷品或电子刊物。这些都要向全体学生开放，并定期（如每月）要求每个学生投稿。教师还可以组织学生在网络上进行交流，特别是与外国中小学生的交流，尤其是在中学阶段，这一活动具有相当强的真实运用性。

设计任务时必须考虑学生认知能力的发展，在学生刚刚开始学习英语时，我们不可能要求每一项任务都是真实的、具有运用性的，因为学生不可能在没有任何语言积累的情况下运用语言，这与母语学习是一致的。在学生学习一些基本的语言之后，我们可以在适当时间专门组织一些真实运用活动，让学生把所学知识、所形成的能力运用到真实的任务中去。

4. 选择教学材料

教师在设计任务之后，就要选择教学材料，这些材料主要是完成任务所必需的：启动材料、导入材料、呈现材料、解释例释材料、复习巩固材料等。任务型英语教学特别强调例句和练习的真实性，这些都可能比课文更重要，比内容固定不变的课文更能激活学生兴趣，比课文和测试卷更能让学生在运用中练习、在练习中掌握、在掌握中运用，最终获得运用应用的能力。

二、任务型英语教学的教学过程

任务型英语教学的课堂教学基本过程应该是：

（一）复习

复习是对学生已经掌握的知识能力的复习，其目的是激活学生已有的知识能力。当然，我们不可能一次激活学生所有的知识能力，而是激活有利于学生掌握此时要学习的教学内容的已有知识能力。一般来说，我们激活的是指向新的运用能力的已有知识能力，但若新的学习内容中存在较大的学习困难，我们也可以激活指向弱化学习困难的已有知识能力。

（二）明确学习目标

让学生明确学习目标，可以让学生马上将学习关注转移到学习内容上来。特别是当教学内容是一篇课文，而学习任务不是课文本身，却是阅读策略的获得之时，让学生明确学习目标就更为重要了。学习目标的明确呈现有利于学生参与到学习过程之中，有利于最终达到教学目标。

（三）呈现任务

我们可以用学生最感兴趣的方法呈现学习任务，比如看动画片、听故事、看图猜测故事内容等，当然也可以是直接的阅读课文的方式。这时最为重要的就是指向运用能力目的的学习内容的教学。比如一篇关于购物的对话，我们的学习任务可能是学习听懂数字，那么买的什么东西、在哪里买的、什么时间去买的，等等，就不是我们指向运用能力目的的学习内容了，而价格、数量、找零等才是指向运用能力的学习内容。我们的教学就应该主要围绕这些内容展开，而不应该是围绕买的什么东西、在哪里买的、什么时间去买的等问题。

这是任务型英语教学与一般的课文教学在根本上的不同，只有真正指向运用能力的教学才能说是任务型英语教学。

（四）完成任务

任务的完成是任务型教学过程的关键环节。学生通过完成任务，将在前一环节中学到的知识和形成的技能转化成在真实生活中运用英语的能力。这一环节可以在教学过程中通过教师的指导完成，如可以安排在教学内容完成之后或是课堂教学的最后阶段，也可以安排在课后完成。一般短期任务直接在本单元的教学中完成，而长期任务则可以在规定时间内（最好不超过一学期）完成。对于那些能力要求较高的任务可以要求学生集体完成，一些能力要求适宜的任务可以要求学生单独完成。一项真实生活任务的完成也就是一个真实运用任务的教学程序的结束。

(五)反馈强化

中国是一个非英语的社会,学生通常只是在英语课堂上学习英语,在真实生活中强化巩固所学知识、技能、文化、情感等的机会还不够多,因此,我们必须在课堂教学中及时地强化,发现问题之后要及时地反馈。

第五章 基础英语课程体系建设

第一节 基础英语口语课程建设

一、跨文化背景下英语口语教学策略

美国著名的人类学家及语言学家萨丕尔指出：在语言背后存在着相应的东西，同时语言的存在需要依赖于文化，文化指的是社会所遗传的习惯同信仰的总和，由文化能够决定相关生活组织。他指出语言同文化之间的联系是密不可分的。语言学家古德诺夫在 Cultural Anthropology and Linguistics（《文化人类学与语言学》）中指出：一个社会的语言属于这个社会文化的一种组成内容，同时语言同文化的关系属于部分和整体之间的关系。而且他指出了语言同文化有一种非常密切的联系。同时，欧美语言学家及文化人类学家们，像洪堡特、马林诺夫斯基等专家学者也都开展了相应的阐述工作。洪堡特在其著作《论人类语言结构的差异及其对人类精神发展的影响》中，关于语言和文化之间的联系开展了相应的分析，采取爪哇人语及印度语相关例子，指出了语言同文化之间所存在的相关联系。

这些理论都显示了语言的文化属性及人文属性等，同时使得当代的语言学家对语言在人文世界中的相关缺陷进行了相应的反思。目前的英语口语教学过程比较重视学生语言系统相关知识的学习，将文化和语言进行分离，这使得学习内容不符合相关文化语境。这样的话，学生是不能够学习到比较地道的英语的，学生在进行英语学习的过程中会将自身所具备的相关文化知识迁移到相关目的语之中，也就是在跨文化交际之中产生文化负迁移的情况，从而使得学生在跨文化交际过程中受到相应的限制。

（一）跨文化背景下我国英语口语教学的现状分析

当前，随着我国教育工作者的不断努力、探索学习，英语口语这方面教学工作取得了很好的教学成果，但是也有很多的不足之处。在传统教学工作中老师比较重视教授给学生相应的单词知识及基本语法，而不重视给学生讲解一些文化差异知识，因此这会使

得学生不能清楚地认识中国同其他国家的文化差别，在国外进行英语口语交流的过程中可能会遇到一些障碍，难以把握英语口语相关语言环境。学生在学校中所学习的一般都是采取传统英语教学模式进行教授的知识，这导致他们在参加工作的时候难以对跨文化背景相关英语口语应用方法进行很好地理解，从而有很多不足之处。

比如价值观念方面的差异，就拿时间观念来说，因为每个国家都会具有自身比较独特的意识形态，人们拥有自身的价值观念，在不同的国家就会具有不同的时间观念。日本和美国等国家的人们时间观念是非常强烈的，这些国家的人们指出，Time is money.（时间就是金钱。）这类国家之中的很多工作都是采取小时进行收费的，不过就印度人来说情况正好是相反的，这个国家的人们觉得迟到是很正常的。如果交际双方的时间观念不同，而且彼此不了解对方的文化，这样一来就会出现相关问题，会导致双方在交际过程中遇到交流障碍。

（二）在跨文化背景下英语口语教学工作应注意的相关问题

众所周知，当前的英语属于一种世界性通用语种，是很多国家的第二语言，就学生来说英语是必须学习的。面对目前的跨文化交际背景，每个国家的文化都存在着一定的独特性，若是不能掌握这些文化背景知识，学生在学习英语口语的过程中可能会出现很多问题，这个时候就要求英语老师重视对学生口语能力的培养，帮助学生们对各国文化进行相应理解，久而久之学生就可以顺利地利用英语口语来相互交流。

1. 文化背景知识需要在英语口语课堂中渗透

在开展英语口语的学习时，我们需要创造轻松愉悦的课堂，为学生营造良好的语言学习氛围，让学生更加积极主动地学习，可以主动采用英语进行交流，从而提升课堂教学效果。什么样的英语口语课堂内容才能更好地提升学生的英语口语能力呢？目前在英语口语课堂中会涉及很多的西方节日，不过都不会详细地介绍，因此学生无法很好地了解这些节日知识，包括节日的由来及相关庆祝方式等，这些通常情况下都属于比较基本的西方文化背景知识，但是学生却没有进行很好的认识。根据这些问题，笔者以教授英语口语课的方式给出了相应的方法，笔者指出英语口语课堂的目的就是让学生们能够在实际生活中更好地应用英语进行口语交流，而且可以很好地进行语句的表达。学生们应该知道在什么情况下使用什么语言，而且要保证语言使用的得体。笔者认为在英语口语课堂教学过程中教师可以给学生讲授一些同外国节日有关的内容，告诉他们节日的由来以及相关历史发展过程等，包括人们是怎么样进行庆祝的。

2. 合理利用异国文化材料，同时需要借助多媒体教学手段

当前，随着互联网科技的快速发展，学校在教育教学这方面也与时俱进采取了网络

多媒体来辅助老师们的授课。对于英语学习者而言，应用网络进行学习是非常必要的。教师采取网络来查询各个国家的相关文化材料等，再应用多媒体技术来呈现给学生。笔者认为，老师在进行教学文化材料的选择过程中需要重视筛选相关文化材料，比如可以选择西方的感恩节，在进行材料选择的过程中需要重视同西方本土庆祝节日内容的相关性，在进行感恩节相关活动介绍的过程中教师可以从网上找一些真实的音频资料呈现给学生，这样学生可以很好地认识西方文化，学生对西方文化的意识得到进一步有效培养。

3. 中西节日对比学习可以进一步培养学生中西文化差异意识

中西方文化都比较渊博，它们在文化底蕴方面存在着一定的差别，包括节日的差别。节日同每个国家的历史文化有着很紧密的联系，节日的由来及庆祝方式等同文化历史有着很大的联系。中西文化有着一定的区别，不过还是存在着相通的地方。在进行口语课堂教学的过程中，教师需要重视对相关文化知识的渗透，对中西方相关文化进行比较，从而更好地让学生了解，在学习的过程中建立相关文化差异的意识。在进行比较教学的过程中，学生们能够对西方的相关文化有一定程度的认知，了解一些节日的禁忌等，那么学生对文化差异的进一步了解也可以有效提升其跨文化交际能力。

4. 学生"输出"能力的培养需要提供真实的口语交际环境

当下，我们教育工作者需要重视交际环境的创设，这一因素在英语口语教学中尤为重要。目前，很多人都会学习英语，不过很难达到应用自如的水平。老师们不能只是简单地进行知识的传授，需要重视提升学生的"输出"能力。学生要能够采取语言进行思想的表达，这才是教学的目标所在。如何能够提升语言应用能力？首先就是教师要建立适合学生进行语言学习的环境。在进行口语课堂教学的过程中，老师应该采取情景教学法，以有效提升学生的口语交际能力，包括询问位置等，通过这种情景的创设，学生可以很好地回答具体建筑物的位置，可以设置一些奖惩制度，来开展相关教学活动设计。其次，在英语口语教学的时候教师应该重视学生英语思维表达能力的提升，鼓励学生在交际过程中尽可能多地用英语进行表达交流。因为学生日常应用英语的机会不多，所以不能得到很好的练习，经常会受到母语的影响，在进行表达时可能会夹杂着中文思维，使得英语不够地道，从而影响交际能力的提升。

综上所述，文化同语言之间存在着比较紧密的联系，英语口语教学之中需要适当地渗透文化，目前英语在跨文化交际的过程中发挥着越来越重要的作用，已经成为世界性的通用语言，需要有效提升学生的文化认知水平，进而有效提升其跨文化交际能力。

二、商务英语口语课程教学中跨文化交际能力的培养

商务英语口语是高职商务英语专业开设的一门主专业课程，它以基础英语、商务英

语、国际贸易实务等课程的学习为基础，是学生进入工作岗位之前必修的一门实践性和实用性较强的课程。该课程以工作过程系统化课程设计理论为指导，以职业能力培养为中心任务，以实践教学为主线，坚持"实用为主，够用为度"的原则。在具体的课程内容设计上，该课程以两个不同国籍的公司所进行的商务活动过程为线索，将一名涉外商务助理在其主要岗位职责和任务中常用的英文口头表达作为主要学习内容，涵盖了外商接待、宴请、议程安排；参观公司、介绍公司及产品；询盘、报盘、还盘、佣金、装运、付款等方面的贸易磋商；客户投诉的处理；欢送等日常跨境经贸活动的各个环节。课程开设，旨在培养学生商务英语听说技能，帮助学生在将来的跨境商务活动中熟练运用英语口语以成功地完成各个环节的工作任务。鉴于该课程的教学内容和特点，为实现商务英语口语课程教学目标，大力培养和提高学生的跨文化交际意识和能力显得尤为重要。

（一）跨文化交际意识和能力低下的常见表现

1. 词汇的选择不当，使人产生误解

大多数外贸从业人员都有接待外商的经历，初次见面的印象极为重要，如果在这一过程中用词有误将会产生歧义，影响接下来的工作。例如：在安排外商入住酒店时，按照中方惯例会在客人离开酒店之前热情建议：您旅途辛苦了，可以洗个热水澡。许多从业人员会这样表达：You can have a hot shower。按照母语思维，中国人通常会说"热水澡"，然而这里的"热"不能使用"hot"这一词汇，应该使用更加贴切的"warm"，否则外商可能会难以理解。又比如，在为外商介绍完几天的行程安排之后，作为东道主，有必要问问"您还有其他问题吗？"这里的"问题"指的是还有什么疑问需要提出来，行程安排还有哪些地方可以修改和完善。这一问句能充分展现出中方的友好、热情，处事细致、周到。在英语口语表达中，不少从业人员将"问题"一词表达成"problem"而不是"question"。"problem"意在需要攻克和解决的困难或者麻烦，该词的使用会让外商产生歧义：我刚来啊，怎么会有麻烦呢？他们甚至会夸大地以为此次商务活动的进展将会不顺畅。

2. 语法的运用错误，产生歧义

在与外商沟通中，正确使用语法也十分重要。比如：由于国内交通拥堵而未能准时对外商接机，这时就需要电话沟通，通常会这样表达："您稍等，XXX 分钟就到。"这里的英文表达如若使用 I will come in XXX minutes. 就可能会引起外商的不满。因为 will 在语法上表将来含义，意味着将要做某事。此刻，外商可能会认为你是一个不守时的人，现在都还未出发，对待本次商务活动并不重视，而准确的表达应该是 I am coming......，这一进行时态表将来的含义，不仅能体现出你正在赶往机场的途中的状态，也能表达出你即将到达的含义。外商则更能接受。在谈判过程中，双方针对某一具体谈判内容可能会出现僵局，当己方在表达自己的观点时，语言表达上一定要慎用情态动词 must。比如："你们必须降价 5%，否则我方只能取消订单。"这句话如果这样表达：you must reduce the price by 5%, or we will cancel the order. 一定会让对方从情感上难以接受，因为"you must......"的表达过于强硬，丝毫没有回旋的余地。我们可以使用 would better 来替换 must，或者使用 if......or...... 这样的条件句；如果一定要使用 must，可以考虑使用情态动词的被动语态：the price must be reduced by 5%...... 这样的表达对于谈判的顺利进行会起到极大的推动作用。

3. 话题的选择不当，产生隔阂

为了更好地完成一次商务活动，我们在与外商交流时需要尽可能找到共同的话题，以拉近彼此的关系。然而许多从业人员往往忽视了彼此文化背景与思维方式的差异，而单纯按照自己的想法来选择话题，这样非常容易因话题的选择不当而产生交流的隔阂，影响交易的正常进行。比如，在和美国人做生意时，如果选择"足球"作为话题，我们必须了解到 football 此时并非指的是那项风靡世界的足下体育运动，我们应该更多地将话题集中在 football 的另外一个特指含义——美式橄榄球。因为美国人对他们诸如棒球和美式橄榄球的本土体育运动一直深以为豪，并喜欢将这一体育赛事与他们的爱国情怀融为一谈。再比如，和英国商人交流时，"天气"可以被认作是一个非常合适的话题。多变的气候特征让英国人对天气这一话题津津乐道。然而，与俄罗斯商人交流时就需要谨慎使用"天气"这个话题。因为俄罗斯地处北亚与东欧，气候寒冷是明显的，北寒带气候多变，多大雪风暴，这使当地的生存环境恶劣，俄罗斯人非常讨厌这样的气候，因此在俄罗斯商人面前谈论天气，会让他们产生负面情绪从而影响接下来的商务活动的正常进行。

（二）商务英语口语课程中跨文化交际能力的培养策略

在商务英语口语课程教学中，我们可以尝试将学生主动学习了解目标语和母语的差异、教师对课程的精心组织及第二课堂辅助培养学生跨文化交际意识三个方面有机结合，全面培养和提高学生的跨文化交际意识和能力。

1. 注重目标语和母语的差异

由于目标语和母语之间存在着较大的差异，因此第二外语习得过程中，由于母语的影响会产生语言的负迁移。美国知名语言学家 Terence Odlin 教授（1989）指出：语言迁移是目标语和其他任何已经习得的（或者没有完全习得的）语言之间的共性和差异所造成的影响。而语言的负迁移指的是这些差异造成的负面影响。根据认知心理学理论，人类总是试图利用现有的认知结构去认识新事物，利用先前的经验和认知结构通过观察、判断和思维来解决新问题。因此，学生在商务英语口语课程中学习和运用第二外语时会因为母语的影响在词汇的选择、语法的运用上等出现较大的差异，从而影响跨境交际活动的正常进行。为此，我们可以引导学生注重学习和了解目标语言和母语文化的异同，提高对文化差异的敏感性，打破固有的思维认知模式，认真研究和学习目标语的语用规则、思维习惯，深入了解对方的语言特点，并用对方乐于接受的思维方式去组织交流，在正确使用词汇、语法的前提下选择双方感兴趣和认同的话题，促进跨文化商务活动的正常进行。

2. 创设真实的商务情境

商务英语口语课程是一门实践性较强的课程，其教学内容的设计是以实际的工作过程为依据，旨在通过课程的学习让学生在今后的工作中顺利地完成外商接待、公司及产品的介绍、贸易磋商；客户投诉的处理等工作。因此，学生跨文化交际能力的培养必须紧密结合实际的商务情境。首先，教师应该让学生熟悉和了解外商所在国家的生活环境、文化背景，让学生对文化差异有一个初步的印象；其次，教师应该根据不同的教学内容利用多种手段和途径创设模拟的商务情境。比如在机场接待教学环节中，借用PPT创设一个机场接待的背景；在宴请外籍客户时，可以将教室布置成一个虚拟的酒店餐饮包间；在贸易磋商环节中，授课地点可以移至商务谈判实训室；在企业产品简介的练习过程中可以让学生使用实物来布置产品陈列室。同时教师还可以要求学生通过着装的变化来模拟外商、企业接待人员等不同的角色。通过真实场景的创设和模拟，受训者实践先前所学并熟悉和应用这些内容，在模拟的环境中提升处理由于文化差异而产生的各种问题的能力。

3. 创建第二课堂实践教学体系

建构主义教学理论认为，世界是客观存在的，但人们对于世界的理解，即形成自己的世界观却是主观的，知识不可能仅仅由外部传授而获得，人们应以自己已有的知识经验为基础去建构现实和理解现实并实践于现实，从而形成知识和技能。因此，商务英语口语课程中跨文化交际意识和能力的培养并非仅仅依靠有限的课堂教学，不能仅仅依靠教师在课堂上言传身教。我们可以充分利用第二课堂，让学生在实践中培养和提高自身的跨文化交际意识和能力。在构建第二课堂实践教学中，形式应该多样化，比如英文话剧、演讲比赛等：以实际的跨境商务活动为背景，以英语语言表现为手段，充分体现英语语言和文化之间的呼应性，并融入跨文化的差异特点，让学生在角色扮演中提高跨文化交际意识和能力；比如专题讲座：邀请外籍教师针对某项具体的风俗文化进行讲座，邀请企业人士针对跨境交易中的某个环节的典型案例与学生进行面对面交流，邀请校内专家进行英美谚语专讲、禁忌语专讲等，对学生进行较直观的文化导入和交际能力培养。同时，举办各种读书活动，鼓励他们广泛地阅读，广泛涉猎各种反映各国历史文化、社会习惯、传统风俗和价值观念等内容的学习资源从而提高学生的文化修养。构建多元化的第二课堂实践教学体系，这对学生跨文化交际能力的培养能起到至关重要的作用。

在商务英语口语课程教学中，只有坚持以学生为主体，教师为主导，将课堂学习和课后实践有机结合，循序渐进的培养模式，并始终将学生跨文化交际意识和能力的培养作为重要目标之一，才能真正培养出合格的技术技能型人才。

三、美剧在大学英语听说课程中对口语提高和文化渗透的作用

教学大纲要求，大学英语听说课要以提高英语运用能力和跨文化交际能力为核心。在目前的大学英语听说课堂上，我们传统的授课方式是以固定的教材为依托，进行固定模块的英语听说技能的训练。这种传统的授课方式，在某种程度上来说有其长处，可以使学生能够循序渐进且系统地接受听说技能的训练。但同时它也存在一定的弊端，往往这种课程的模式，会让学生感觉生硬、枯燥。那么作为教师，我们应该努力寻求一种生动的、真实的辅助教学材料。本人认为，美剧是很好的选择。英语的学习和使用其实本身是语言输入及输出的过程。正因为如此，我们在教学材料的选择上，应该尽量选择美国本土的、地道的视频或者音频材料。这样，学生输入的语言才是最地道的语言，这有助于大学生英语口语水平的有效提高，同时，语言又是文化的载体，电影又是文化传播的一种媒介，因此，我们在提高口语的同时，也可以更好地了解美国的文化。本部分将从口语的提高和文化的渗透两方面来阐述美剧在大学英语听说课程中的作用。

（一）美剧有利于口语的提高

《老友记》的故事情节丰富，基本涉及美国人生活的方方面面，口语的话题非常全面。演员发音纯正，语速适中，比较贴近生活，信息量大，非常有助于中国大学生练习口语和听力。在很多高校里，《老友记》正以"学英语"的正当名义成为学生们交流的热点话题。通过这部剧，学生们既可以欣赏到风趣幽默的剧情，了解美国文化，还可以使自己的听说能力得到很大提高。

1.纯正的英语语音语调

《老友记》无疑给学生提供了非常真实的语言环境，在《老友记》中演员发音纯正，语速适中，正是学生练习口语的最佳题材。很多英语学习者虽然词汇量很大，但是要说一口地道的美音却非常困难，根本的原因就在于没有良好的语言环境。因此，我们可以

通过观看《老友记》来模仿演员的发音，通过不断地模仿和持续地修正自己，从而达到地道发音的目标。

2. 地道的表达

除了发音之外，相当一部分学生在提高口语方面所面临的另外一个难题是不知道如何地道地表达一个完整的句子。他们表达出来的语句往往给人的感觉是中国式英语。更准确地来说，很多大学生不知道如何进行措辞。这就要求学生在英语学习中要注意语言使用的语境和语言习惯。

通过对美剧的欣赏和模仿，我们不仅可以感受到真实的语言环境，地道的口语表达，同时，我们也可以在此基础上，以美剧为窗口，去更好地了解美国的文化。通过对美国文化的了解，我们可以用心体会不同文化的价值观和思维方式，从而更加有利于语言的交流。

（二）美剧在大学英语听说教程中对文化的渗透

英语学习者如果想更理想地学习英语，那么了解美国文化是必不可少的一部分。语言是其文化的载体，对其文化的一定的了解能促进学生英语水平及文化素养的提高。所谓英语文化，是指英语国家中各民族的习俗，习惯，生活的方式，语言行为，世界观及价值观。语言作为其文化的载体，能够有效地表达和传播文化。语言的表达中包含了大量的典故，名言，以及历史等，因此学习者只有充分地了解了文化背景，才能熟练而准确地把握英语这门语言。那么美剧是美国人生活的缩影，是学习和了解美国文化最好的素材，它本身又承担着文化和价值传播的功能。因此，我认为通过欣赏美剧来了解美国文化，是不错的选择。我们主要从以下两方面来讨论美剧对美国文化的传播。

1. 通过《老友记》来更好地认识和了解美国的传统节日及人们的价值观

《老友记》这部美剧之所以在全美甚至全世界范围内广泛流行，更多的是因为它整体的风格是亲民的，生活化，并且主要展示美国年轻人的生活状态。那么美国的传统节日是美国人生活中不可或缺的一部分，在这部美剧中也得到了淋漓尽致的体现。因此，我们可以通过《老友记》来更深刻地认识美国人的传统节日及习俗。

2. 通过《老友记》更好地认识美国精神

这里我们所提到的美国精神是美国民族精神中的 individualism。individualism 这个词，在国内被翻译为"个人主义"，其实并没有很好地传达出这个词本身的文化概念。但是在汉语中又没有更好的词汇来表达，因此我们暂且用"个人主义"这个表达。美国文化中的个人主义和中国人所认为的个人主义截然不同。

将美剧灵活有效地运用于大学英语的听说课程中，不仅可以给学生提供一个真实、生动有趣的语言环境，同时也可以把它作为一个了解美国文化的平台。如果我们教师能充分有效地讲解美剧的经典台词，地道的表达，以及其承载的文化背景，我相信这对学生来说会受益良多，同时也能给大学英语的教学带来新的活力和气息。

第二节　基础英语教材建设

一、对接文化"走出去"战略，加强英语教材建设

文化已成为当今世界的一个热门话题。文化和文化"软实力"建设日益受到各国的高度重视。为世界更好地了解自己，越来越多的国家开始采取措施把自己文化的对外传播作为文化"软实力"建设的重要内容。2008年北京奥运会、2010年上海世博会和广州亚运会的成功举办，为我们提供了对外传播中国文化的良好机会，也让我们切身体会到：中国走向世界，世界关注中国。开放发展的中国需要大批具有跨文化沟通能力和能用英语表达中国文化的国民。推动中华文化走向世界，增进国际社会对我国基本国情、价值观念、发展道路、内外政策的了解和认识，实施文化"走出去"战略，总体上产生了良好的效果。战略的进一步推进和完善对于推动中国优秀文化走向世界、展示中华文化魅力、传播当代中国价值观、塑造当代中国形象及进一步扩大中国学术和中国文化的国际影响力和话语权、增强国家文化"软实力"、促进中外文明对话等，都具有十分重要的意义。而英语作为实际上的"世界语"，其地位在相当长时期内无法撼动，所以用英语表达中国文化，无疑是中国文化"走出去"最为重要的途径。然而，纵观我国多层次的英语教学，片面强调导入西方文化的现象还依然普遍存在，而中国文化基本上处于被忽视的状态。在对外交流中，不少具有较高英语水平和较高中国文化修养的知识分子，在被问起中国文化时，往往不知所措，呈现出"中国文化失语症"。"中国文化在走向世界的过程中依然步履维艰"。当前，全球化潮流正在席卷世界每一个角落。我国的现代化也正在迅速提升综合国力和民族自信心。同时，世界也越来越感受到中国的存在，各国人民越来越想了解中国，中外文化交流正在发生方向性的变化，这对我们的英语教学提出了新的要求。

（一）中外跨文化交流趋势的变化

近代以来，由于种种原因，我国在各方面严重落后于西方。党的十一届三中全会以来，以邓小平为核心的第二代中央领导集体，高瞻远瞩，领导了具有划时代意义的改革

开放。与此相适应，英语教育在我国得到普及和发展。如今，英语人才活跃在国家建设和对外开放的各个领域，为国家对外开放和现代化建设做出了巨大贡献。国人的视野也得到了极大的提升和拓展。

40多年的快速发展，中国在经济、科技、教育、文化等各方面都取得了巨大的成就，从一个贫穷落后的国家迅速成为世界第二大经济体、第一大贸易国。由此，中国成为世界目光的焦点。来华经商、旅游、学习的外国人达到了空前的规模。同时，通过积极的文化双向交流，我国文化"软实力"得到极大提升，西方社会了解中国文化的愿望也日益强烈。另外，随着中国综合国力的增强和国际影响力的提高，国外有人欢呼，有人惊叹，有人迷惑，有人紧张，甚至嫉妒、害怕，抑或从心理到战略都强烈抵制。在国际环境日益复杂化的背景下，中国比以往更加需要对外解释好自己的文化和价值观，讲好中国故事，加强与世界的密切沟通，努力营造良好的外部环境。由于世界各地受众群体懂中文的人太少，这个任务基本要靠中国人用英语表达来实现。从翻译领域看，2011年中国对外翻译的工作量首次超过了外译中。2014年，"中译外的比例已经超过60%"。中外跨文化交流已由"输入为主"转变为"输出为主"：西学仍在东渐，但"中学西传"也已渐成潮流。

（二）英语教学亟须实现从"引进来"到"走出去"的转型

培养学生跨文化交际能力是英语教学的终极目标之一。在跨文化交际活动中，交际双方首先接触到的是对方的语言和日常行为方式及风俗习惯。语言是信息传递的主要途径。要准确传递信息，实现交际目的，这就要求跨文化交际者必须既要通晓目的语国家的语言和文化，也同样需要通晓本国的文化，并掌握把博大精深的中国文化介绍给世界的方法，做到"内知国情，外知世界"。中国本土文化需要通过英语实现"全球化"。在涉外活动中，每个人都是中国文化的一张名片。然而，中国文化的博大精深，现在是否为中国人、特别是年轻一代所了解，已经成了一个严重问题。信息通信手段的发达为信息传播和人与人之间的交流提供了十分便捷的手段。但如今的青年学生最喜欢关注流行和时尚，对中国的国情和文化，很多人少有关注，更谈不上深入了解。20世纪以来发生在中国的、举世罕见的文化自我放逐和去传统化，已使当今中国人偏离了文化传统，对本土文化进行再教育，重塑对自己母语文化的自豪感和自信心，已显得十分迫切和重要。

中国文化"走出去"战略中，高等院校承担着培养人才的重大使命。在外语教学界，随着对语言、文化与交际之间关系研究的深入，语言学习与文化学习的密切关系及文化在跨文化交际中的重要性受到高度重视。但是人们往往把单纯的目的语文化的导入看成是跨文化交际能力培养的全部，忽视了本国文化在跨文化交际中的重要作用。时至今日，我们的教科书仍在片面强调英语的语言基础和文化的导入，鲜有介绍中国文化的内容，这造成很多英语流利的青年学子对中国文化和时事国情不甚了解，更不知道如何用英语来表达中国文化。于是，在对外交往中，他们往往显得力不从心，甚至"用洋文出洋相"。由此可见，单向导入西方文化，无法满足当今社会对英语人才的需求。国家实施的文化"走出去"战略的关键，在于提升国民的英语素质和用英语表达中国文化的能力及中译外人才的培养，而国内对中国文化之英语表达的研究多集中在对外汉语教学领域，在英语教学领域基本还是一片空白。时代发展迫切要求英语教育进行转型，不但要"引进来"，还要"走出去"。高校英语课程的开设一方面要满足学生专业学习、国际交流、工作就业等方面的需要，同时也要满足国家战略需求。中国文化要走出去，中国企业要走出去，英语教育的人才培养必须在满足各种实际需求的同时，服务于国家战略，在国家"软实力"建设中发挥积极作用。"走出去"既是为了让世界更多地了解中国，也是为了更好地"引进来"，让中国更好地了解世界，然后更好地"走出去"。如此循环往复，中国文化与世界各国文化就会不断交融。

（三）对接文化"走出去"战略，加强英语教材建设

教材在教学过程中发挥着基础性作用，对人才的知识结构和培养质量有着重大影响。纵观我国多层次英语教学，中国文化被严重边缘化，甚至近乎空白。刘艳红等（2015）通过对《21世纪大学英语》《新世纪大学英语》《全新版大学英语》《大学体验英语》《全新主题大学英语》《新时代大学英语》《新视野大学英语》《大学英语教程：读写译》《新标准大学英语》《新通用大学英语》10套大学英语教材的内容进行研究，发现在这10套大学英语教材中，英美文化内容居于绝对主导地位，其他英语国家的文化内容所占比重很低。在占比最高的《全新版大学英语》中，其他英语国家的文化也只占4.7%，大部分教材的文化内容，要么是共同文化，要么是英美文化，其他文化内容占比为0%。由于英语是实际上的"世界语"，在以英语为媒介的跨文化交际中，交际者可能来自不同国家和地区（比如"一带一路"沿线国家），他们各自有着不同的文化，各自的语用文化规则也不尽相同。如果仅以英美文化规则作为交际的圭臬，可能会导致误解。另外，中国文化在这些教材中也基本被忽视，占比最高的是《全新主题大学英语》，只有7.3%。不少教材中丝毫没有中国文化内容。整体上，这10套大学英语教材的文化配置普遍存在失衡现象。一方面，这些教材推崇英美文化，对其他英语国家的文化不够重视。另一方面，教材的中国文化占比过低，未能在"中国文化走出去"和"加强中国价值的国际传播"过程中发挥应有的作用，也不能适应国家"一带一路"倡议的需要。因此，有必要对大学英语教材的文化内容进行大刀阔斧的改革，甚至是重新编写，开发全新的教材。

从学科建设需要来看，主动适应国家战略和社会发展需要是学科建设保持活力的健康法则和基本理念。从人才培养需要来看，教材在人才培养过程中发挥着基础性作用。英语教育要与中国文化传播和国家"软实力"建设紧密相连，英语学科的教学、科研等一系列活动也要同国家的发展需要紧密联系在一起。在英语教学研究领域，对中国文化之英语表达的研究还处于刚刚起步阶段。这方面的研究成果，比较有代表性的论文有：吴鼎民的《不能只搞内销，不做外贸》、曹韵的《中国外语教学中的文化身份危机及其应对策略》、邓天颖的《文化传播视阈下的"巧实力"解析》等。中国文化的英文介绍方面也出版了一些图书，如国家扶持的大型出版工程"熊猫图书""大中华文库""中国图书对外推广计划""中国文学海外传播工程""中国当代文学百部精品对外译介工程"等。目前，有关中国文化教育的研究成果主要集中在对外汉语教学领域，出版了一些用英语介绍中国文化的读本，而这些成果和读物还不为广大教师所知，更不用说学生了。而各种英语教材中，涉及中国文化的内容十分少见，仅靠几本介绍中国文化的专著或英语读物恐怕无法达到预期目的，必须拓展中国文化的教育和传播途径。

教材对于学习的重要性不言而喻。要培养能够向世界介绍中国文化的英语人才，中国文化的内容必须进教材，因为以教材形式推出的东西有利于快速传播和普及。教材的发行量和销售量大、读者多、受众面广，而且，学生对教材内容的重视程度远远高于课外读物。把中国文化的内容编进英语教材是培养文化"走出去"新型人才的有效举措，对英语教学改革也具有重大意义。毋庸讳言，这类教材的编写尚无先例可循，包括编写体例的设定和资料的收集和整理，一切都要从头开始。但根据跨文化交际"转型"的特点和国家文化"软实力"建设的战略需要，这类教材的编写应充分考虑以下几个方面的因素：教材编撰队伍、编撰原则和选材内容。

1. 编撰队伍

用英语讲述中国文化，这种新型英语教材在编写原则和编写内容上与以往的英语教材有着显著的差异，因此对教材编撰队伍也应有特殊的要求。既然这类教材侧重于用英语讲述中国文化，这就决定了编撰队伍首先要包括深谙中西两种语言和文化的跨文化交际领域的教育专家，并且对双语转换技巧特别是中译外技巧要有丰富的经验。同时，编撰队伍应包括英语教育专家和长期从事英语教材编写的专家学者，他们对培养学生的英语语言能力有着直接的经验。再者，编撰队伍还应包括对中国国情和中国文化有深入研究的学者，他们对国情的变化和文化的发展有着敏锐的洞察力，有利于在教材内容的选取过程中做到与时俱进。另外，编撰队伍还要有对外汉语教学领域的专家学者参与，他们在用英语解释中国文化方面有着成功经验，可资借鉴。同时，教材编写还应发展国际化的编撰团队,邀请母语为英语的学者和汉学家加入,他们对教材需要达到的目的有着独到的见解,对教材的语言质量也能有很好的把握。

2. 编撰原则

首先,教材编写要体现跨文化交际研究成果。英语教学的重要目标之一就是培养学习者的跨文化交际能力。教材编写要充分体现跨文化交际学科与英语教学的深度融合。长期以来,国内外学者对跨文化交际进行了深入的研究,尤其是21世纪以来,我国的跨文化交际学科呈现快速发展的势头。从1985到2014年,我国出版的跨文化交际教材就有122部。此外,还有大量的研究专著问世。其中1995年关世杰教授的《跨文化交流学:提高涉外交流能力的学问》,是我国跨文化交际研究的里程碑。他们的辛勤劳动结出了丰硕的果实,很多成果对英语教学有着普遍的指导价值。

其次,教材编写要充分借鉴对外汉语教学领域的研究成果。为了适应对外交往需要,早在1983年教育部就批准北京语言大学在英语系设置对外汉语教学专业。不久,北京外国语大学、上海外国语大学和华东师范大学等学校也相继开设了对外汉语教学专业。至今已有130多所高校开设对外汉语教学专业。迄今,对外汉语教学专业已走过30多个春秋,逐渐发展壮大,对外汉语教学研究也取得了丰硕成果。如刘珣等主编的《对外汉语教学论文选评》(上、下)汇集了对外汉语教学领域的重要研究成果,其中有相当一部分是"跨文化交际与文化教学"方面的研究成果。张英主编的《中国语言文化讲座》系列图书采用中西对比方式,对中国文化进行了深入剖析。毕继万的专著《跨文化交际与第二语言教学》对第二语言教学与培养学生的跨文化交际能力进行了系统的研究。吴为善、严慧仙编著的《跨文化交际概论》对中西文化差异进行了较为系统的对比分析。这些研究成果都是基于对外汉语教学实践积累起来的,对我们今天培养学生的跨文化交际能力具有很强的实用价值。对外汉语教学专业源于外语系,后逐渐独立,发展壮大。对外汉语教学就是用外语讲述中国文化,与英语教学有着密切的渊源,现在用其研究成果来反哺英语教学也是时代的需要,契合培养文化"走出去"人才的需要。

再次,教材编写要培养学生的对比分析和审辨性思维能力。美国语言学家萨丕尔和沃尔夫认为,一种语言就是一种思维方式的直接体现,语言中包含着语言使用者对客观世界的认知体系。每种语言都有自己认知客观世界的独特体系和独有角度。将中国文化融入英语教学,在同一门课程中,两种迥然有别的语言、文化和思维方式会发生直接碰撞。这种碰撞有利于学习者发现两种语言和文化及思维方式的特点,加深对两种语言和文化的认识,通过多样的文化活动涵养性情,引导学习者从不同文化的视角认知和分析问题,从而培养他们的思辨能力,在对外交往中,既能提出自己的观点,又能学会如何处理、包容与自己不同的观点。因此，教材的编写要注重语言和文化的对比分析，这既能体现两种语言和文化的差异性，又兼顾两者之间的互通性。

最后，教材编写要注重中译外技能的训练。翻译旨在打破文化隔阂，促进不同文化之间相互了解和融合，是涉及自我与他者的一种双向交流活动，随着文化"走出去"战略成为我国提升文化"软实力"的重要战略方向，中译外受到各方热切期待和普遍关注。翻译本身是一项对两种语言和文化的掌握都要求很高的实践。中译外的过程要求对汉英语言和文化的特点进行深入分析，探索从汉语到英语表达所要进行的语言、思维逻辑和适应表达的文化转换。中译外练习无疑能使学习者加深对汉语和中国文化的理解，而用英语写作无疑会提高实践者的表达能力。中译外的理论和方法，能够让学习者知道为什么汉语和英语有时要用不同方式表达类似意思，为什么要采用不同的变通手段，用符合译入语习惯的表达方式传达出原文的意思，这将是提高学习者用英语表达中国文化能力的有效方法之一。

3. 选材内容

新型教材，要改变传统单项导入西方文化的做法，强调培养学习者的跨文化交际能力。在英语教学中，要双向导入中外两种文化，应注重两种语言和文化的对比和融合，使学习者通过教材学习可以"内知国情，外知世界"。

教材内容的选取应考虑以下因素：

中华文化绵延千古，一脉相承，但现代人的价值观念、生活乃至行为方式都发生了深刻变化。相对于古代文化，现代文化更为鲜活，更贴近现代人的生活和交际需要。跨文化交流是在现代社会中进行的，因此，教材编写在适当选取经典文化的同时，应尽可能发掘当今现实社会中的文化现象，避免脱离现实的"死"文化。

语言是文化最为重要的组成部分，而文化则主要通过语言得以体现。因此，语言与文化学习不可分割。英语是在其本土语言文化里形成、发展起来的，与其本土文化关系密切。考虑到学习者英语语言能力形成的需要，在教材中不可避免地要放进其本土文化的内容，保证学习者能够学到原汁原味的语言和文化，确保其英语基本知识和基本技能的根基扎实。

（1）中国文化内容要具有代表性且适合对外传播。

汉语历史悠久，中国文化博大精深，但教材容量有限，鉴于学习者语言能力水平限制和实际对外交流的需要，教材内容选取必须精挑细选。首先，要有最适合对外传播、最易用英语恰当表达的实用内容。其次，文化是庞杂的，不是所有的东西都适合对外传播，必须考虑到对外树立良好的中国形象的需要。再次，并非所有中国文化都能用英语表达清楚且能为外国人所正确理解，因此，未能准确译成英语的内容不宜进教材。

（2）实用性。

所谓实用性，是指教材内容编选要充分考虑其交际价值。注重实用性，就是要让学习者感到他们在书本上学到的东西马上就可以用到，对学生的交际有实际帮助，这会增加其学习的积极性，提高学习效果。应优先考虑跟学生的交际活动直接相关的文化内容和在人际交往中常用的、交际作用比较大的文化内容，以实用性为主的同时，也应充分考虑到代表性文化内容的选取。

（3）避免中国文化内容过多。

英语学习者的英语语言能力还处在形成阶段，对异国文化充满好奇。如果在教材中编入过多的中国文化内容，难免会误导学习者，使其分不清"东""西"。因此在教材编写过程中要避免中国文化内容过多，滑向另一个极端，不利于学习者英语语言能力和跨文化视野的形成。

文化内容的选取应遵循以下原则：

（1）坚持以现代文化为主。

人与人之间的交往最为直接的体现就是日常生活和工作行为。从第二文化的习得来看，文化内容往往很难从外部看清楚，这就在实际上形成了跨文化交际的种种暗礁。跨文化交际中的诸多问题常常是因为不了解对方基本的生活方式而引起的。因此，英语教学内容应尽可能贴近和反映现实生活和工作需要。

（2）坚持以主流文化为主。

任何社会内部都存在亚文化，但主流文化总是居于主导地位，普遍适用于全体社会成员。我们培养的学生的交际对象是全社会的各种成员，这就要求我们在教材内容编选时应坚持以主流文化为主，尽量避免区域性的亚文化。

（3）坚持以生活文化为主。

由于社会不断演变发展，教材内容的选编是一个常做常新、永无止境的工作，因此，教材编写在充分征求各方专家学者意见的同时，应着眼于中国国情的跨文化研究，厘清并尽可能多地传播当代文化价值观和行为方式。同时，我们也要加强对来华外籍人士的调研，了解他们的兴趣和需求，尽可能使编写出的教材实用、高效。

近年来，随着中国的和平崛起，汉语和中国文化正加速走向世界。中国也正在从文化上的"输入国"转变为"输出国"。季羡林先生预言的"东学西渐"已悄然来临。在外语教学过程中，我们不可忽视中外交往中的文化倾向，适时导入相关的文化背景知识，完善学习者的知识结构。反观我们今天的英语教育，基本上还停留在改革开放初期所设计的人才培养目标上。将跨文化交际能力的培养融入语言学习与教学之中虽然已经成为外语教学界的普遍共识，但是由于英语教材中鲜见中国文化内容，英语教学过程中片面导入西方文化的现象还广泛存在。因此，当下英语教材的内容难以适应新形势下跨文化交际的需要。

英语教育乃至教材建设要对接国家战略，为国家建设服务，必须进行改革，推行双向国际化理念，培养具有国际视野的多元跨文化人才，以适应国家和地区对人才的需求。要根据社会对人才知识结构的需要，进行深入研究，科学规划、设计教材内容，培养具有中国文化底蕴的英语人才，从而在对外交往中，凸显"中国味"，承担起对外塑造良好中国形象、传承和传播中国文化的重任，为实现"十三五"规划纲要提出的第100个大工程——"建设讲好中国故事队伍"——培养后续人才。

二、跨文化交际能力培养与跨文化外语教材建设

21世纪频繁的国际交流及无处不在的网络和媒体为国人了解世界提供了便利。但是自然环境、社会面貌、历史渊源、思维方式、价值观念及语言习惯等因素依然会带来文化碰撞，依然会带来文化交流的障碍。如何通过外语教学帮助学生使用所学的语言与具有不同文化背景的人进行有效的交流和沟通、如何促使学生重新审视并欣赏本族文化、理解和接受异族文化则成为我国外语教学亟待解决的问题。

从我国现阶段的情况看，外语教学担负着培养具有跨文化交际能力的高素质人才的主要任务。本部分在探讨跨文化交际能力中的文化认知能力和外语教学中的文化教学之间关系的基础上，指出跨文化教材建设是外语教学跨文化交际能力培养研究领域中被忽视的环节，并以2011年北京大学出版社出版发行、大连外国语大学常俊跃院长主持编写的21世纪CBI内容依托系列英语教材为例，探讨全面、系统、科学的文化教材对外语教学中学生跨文化交际能力培养的不可小觑的作用及跨文化外语教材建设过程中需注意的问题。

（一）跨文化交际能力与文化认知能力

厘清跨文化交际能力与文化认知能力的关系，必须首先了解构成跨文化交际能力的要素。

Byram在1995年提出，跨文化交际能力的四要素：知识、做事能力、个人态度与价值观和学习能力，并于1997年在四要素的基础上增加了对于自己和他人文化的思辨性判断能力。

Chen&Starosta提出跨文化交际能力的认知、情感和行为三维理论，即主体对本族

文化和目标文化知识与文化规约的理解和掌握，主体积极理解、欣赏和接受文化差异的主观意愿及在跨文化交际实践中完成具体交际目标的能力。

文秋芳指出，跨文化交际能力包括交际能力和跨文化能力两个部分。其中交际能力包括语言、语用和变通能力；跨文化能力包括对于文化差异的敏感和容忍，以及处理差异的灵活性。这种处理方法在国内有诸多拥趸。

杨盈、庄恩平将跨文化交际能力对等于跨文化能力，并提出构建由全球意识、文化调试、知识和交际实践四大能力系统组成的外语教学跨文化交际能力框架。

张卫东、杨莉则指出，跨文化交际能力指恰当运用语言文化知识与异文化成员进行有效而得体交际实践的能力。

上述对跨文化交际能力界定及核心要素的梳理可能会挂一漏万，但从各家不尽相同的表述中不难看出，随着跨文化交际理论的深入发展，文化认知、文化能力或文化知觉力正在成为跨文化交际能力研究的关键词。无论是语言运用、情感态度、行为能力还是思辨意识都离不开对本族和异族文化的认知和接受。

（二）外语教学与文化认知能力培养

杨盈、庄恩平将跨文化交际能力等同于跨文化能力的处理方法有助于外语教学从单纯语言教学的狭隘视野中解放出来，在注重语言能力的同时，看到文化认知的重要性。他们还提出应将跨文化能力培养视为"外语教学培养最终目的"，进而强化了文化认知能力培养在外语教学中的重要地位。

1. 文化教学与外语教学

语言与文化的不可分性已成为外语教学和研究界专家、学者们的共识：语言是文化的主要组成部分和主要表现形式，同时又是文化的载体。Kramsch 认为，文化从学习者开始学习外国语的第一天起就始终渗透在整个学习过程中，人们的每一次说话都是一次文化行为。

可见，语言与文化是相互依存、相互影响的。文化是语言学习的基础，是语言使用的背景。要真正掌握一种语言就必须了解产生这种语言的特定社会背景。而我国传统外语教学模式因割裂了外语教学与文化教学的联系而需要进行修正。

韩晓玲分析了中国学生英语学习时间久但效果差的原因，指出语言教学与文化导入的割裂是主因，并提出有效的英语学习，不仅需要一定的语言知识还需要英语国家文化背景知识。王淑杰认为，以交际为目的的跨文化教学不同于只教语言知识、忽视文化背景的传统教学。教师除了要教授语言知识外，还应适当、适度地讲授文化知识，使语言和文化紧密结合，达到教学目的。

张红玲认为，外语教学不是培养跨文化交际能力的唯一途径，历史、地理、文学等科目都可以从不同的角度向学生介绍文化知识。虽然这种说法割裂了外语教学与历史、地理、文学知识传授之间的关联性，但其将地理、历史、政治、文学等相关学科纳入我国高校外语教学跨文化交际能力培养研究视阈。

陆晓红则提出了外语教学就是文化教学的观点。虽然这一观点是建立在语言学习者掌握一定的语言知识和能力的基础上，但它反映了进入二十一世纪以来，我国的外语教育者日益强烈的跨文化意识。

上述专家学者们的理论观点代表着我国外语教学的发展趋势，即将文化培养视为外语教学的核心。

2. 文化教学在外语教学中的尝试及存在的问题

外语教师们不仅逐渐意识到文化在我国外语教学中的重要性，而且还在教学实践中不断尝试将文化教学融入外语教学中。

韩晓玲在寓语言教学于文化教学的教学模式中提出要选取符合学生语言和文化认知能力的文化内容并通过教学（课内和课外）活动实现以文化为主线的语言输入和输出等主张。

这一模式是在外语教学中培养学生文化能力的有益尝试，符合新世纪多元文化的时代特征，具有前瞻性。但该模式在实际教学中存在一些问题：文化内容如何选取？"以文化为主线"如何操作？如何解决"文化教育的零散性和随意性"的问题？

黄文红以英语专业学生为实验对象的过程性文化教学与跨文化交际能力培养的实证研究发现，与传统的知识性文化教学模式相比，过程性文化教学模式鼓励学生主动探索、反思及对比中西文化，"受到大多数学生的欢迎"，但还存在实验对象对中西文化知识掌握不深刻这一弊病。

这项实证研究的成果是喜人的，为外语教学中的文化能力培养提供了可借鉴的范本，但其局限性在于教材选用不恰当：以综合英语课使用的《现代大学英语：精读》为教材进行跨文化能力培养的实证研究很难帮助学生获得全面、系统的文化认知。

如上问题不仅关涉外语教学策略、教育者的观念、学习者的能力，更与外语教材的选取和使用密切相关。事实上，不仅高等学校英语专业的跨文化交际能力培养需要重视相关教材的建设，大学英语课程也面临同样问题。

杨盈、庄恩平从跨文化外语教学的视角出发，在探讨有效的教材使用途径过程中，对十余套具有代表性的高等教育外语教材做了调研。他们发现如下问题：跨文化内容含量少、过于简单、缺乏系统性，不能满足跨文化外语教学的需求；教材中练习设置缺乏拓展性和激发跨文化思维的内容，不利于培养学生的跨文化意识。因此，他们提出教师以现有教材为基础，将"语言知识结构"（外语教材）与"文化知识结构"（包含外语教材中的隐含文化知识和跨文化教材中的跨文化知识）相结合的探索模式。

这种"内外结合"的教学模式与前面两个例子有异曲同工之处，反映了外语教育工作者对文化教学重要性的认同，但在有限的课堂上既要传授语言知识，又要兼顾外语教材内容中零散的文化元素，这对于教师和学生都不是易事。消极的情绪会带来事倍功半的后果，不利于外语教学中跨文化交际能力的培养。

（三）跨文化教学框架下的跨文化外语教材

1. 我国跨文化外语教材的研究和开发现状

虽然诸多外语教育工作者已经意识到跨文化外语教材建设在提升学生跨文化交际能力方面的重要性，也尝试运用不同策略将文化知识传授与外语教学相结合，但有关外语教材开发的论文却不多。我们在中国知网上输入关键词"外语教材"和"跨文化"后，搜索到的结果寥寥无几。

全建强提出具有跨文化交际性的外语教材应该反映目的语社会的不同侧面；杨盈、庄恩平对为英语专业、大学英语及专科英语教学而编写的十余种外语教材进行了市场调研，并指出大部分外语教材与跨文化外语教学的要求仍有一定距离，并建议教师在外语教材与跨文化教材外部结合的过程中不断探索与研究，为新教材研发积累经验，为实现两者的内部结合打好基础；王进军、冯增俊分析我国外语教材发展的历程及规律，指出文化型、内容型、菜单型及综合型等新型外语教材将被赋予光明的前景。

虽然相关论文不多，但是将跨文化能力培养视为外语教学重要任务的理念却成为共识，高校尝试在此基础上对教材进行改革的步伐没有停歇，力图使外语教材跨文化交际和外语教学紧密结合。

通过几年的教学实践，笔者认为2011年北大出版社出版发行的21世纪CBI内容依托系列英语教材是外语教材与跨文化教材"内部结合"的良好尝试，在一定程度上弥补了我国高校外语教材题材选择和练习设置与文化教学脱节的痼疾，以文化内容为依托，帮助学生在使用目的语的过程中了解异族文化、积极思考、主动分析对比跨文化差异，促进语言技能和跨文化意识的双提升。同时这套以文化内容为依托的英语教材还有助于教师对真实的语言运用情境的设置，培养学生的跨文化交际能力，真正实现我国"外语教学的高级目标"。

2. 跨文化外语教材的题材选择

跨文化外语教材的题材选择要有系统性和科学性。以常俊跃教授组织编写的系列教材为例：该系列教材涵盖了英国、美国、澳大利亚、加拿大和新西兰五个主要的"英语内圈国家"，并从社会文化、历史文化、自然人文地理三方面对这些国家进行系统、科学的推介。系列教材还包括《跨文化交际》《欧洲文化入门》《中国文化》（英文版）《<圣经>与文化》《古希腊罗马神话》，为师生提供了培养跨文化意识的平台，也为跨文化交际能力培养中的"社会文化能力"或"知识能力"培养奠定了基础（各家对跨文化交际能力中文化认知要素叫法不同），有助于学生系统地获得文化认知，避免对中西方文化片面肤浅的理解。

教师可以借助教材系统地、有条不紊地开展文化教学，也可以借助教材充足的文化内容设置间接的文化语境供学生体验。胡文仲认为，跨文化交际能力培养不仅需要教学环节的精心设计，而且需要课外的配合，包括国外学习或工作，但是不能为所有学生提供直接语境体验的当下，教师可以充分利用文化教材营造间接语境，扩展文化知识。

3. 跨文化外语教材的练习设置

束定芳、张逸刚认为，从教材的作用来看，教材中的练习应该是最能体现教材编写者理论指导原则的部分，也是检阅教材实用性、有效性的重要组成部分。

CBI 内容依托系列英语教材的练习设置不仅强化学生的语言知识和技能，而且与文化内容密切相关，有利于学生"实现知识的巩固及技能的转化"，体现了教材的实用性和有效性。

在问题思考环节，编者针对不同文化模块，设计中西文化对比问题，有意识地引导学生在知晓英语国家文化的基础上主动了解本族文化，并与异族文化作对比，形成批评的抑或是宽容的跨文化意识，促使学习者对教材中的文化内容进行反思提问并参与其中。学生只有了解本族文化和异族文化，才能真正实现跨文化交际能力的提升。

4. 跨文化外语教材建设和使用需注意的问题

Kramsch 指出，文化教学绝不能只是以罗列文化事例的形式进行，因为事例是停滞不前的而文化是在一直不断发展的。随着国家间频繁的交流活动及媒体活跃的交际活动，不同文化间有由碰撞到相容的趋势，所以，跨文化交际能力的内容也应该是动态的。这就要求文化教材的编写者不断提高、修订和更新教材内容，与时俱进。

在对美、英、加、澳、新西兰等"英语内圈国家"的文化知识细化的基础上，教材编写者可以开阔视野，将研究对象拓展到其他英语国家，如爱尔兰文化、印度文化、南非、尼日利亚及其他非洲英语国家的文化等。同时随着我国"一带一路"建设的推进，与沿线国家的人文交流与合作也会日益密切，编写介绍这些国家文化的外语教材不仅能够填补外语教学中跨文化交际能力培养的一大"漏洞"，而且对改变外语教材滞后于时代的现状也有着十分重要的现实意义。

　　编写以外语为媒介的文化教材只是外语教学中培养学生跨文化能力的内因，而促进这一教学目标实现的另一个关键因素是教师，这是外因。颜静兰在研究中发现，近些年来外语教师的跨文化交际意识和自身内涵有了不断地提升，但是差距和问题还比较大；外语教师的跨文化交际能力缺口较大，和学生一样，需要提高和研究。因此，作为教学主导者的外语教师首先要丰富自己的文化知识，提升自身的批判性思维能力，使自己具备较高的文化修养和双重或多重文化理解力，进而引导学生通过外语课堂提升有效的跨文化交际能力。

　　文化教学是外语教学中跨文化交际能力培养的一个重要课题。虽然对文化教学的理论研究已然硕果累累，但文化教学在外语教学实践中仍然存在许多实际问题，本部分所谈及的以文化为内容的外语教材建设只是冰山一角。要培养新世纪具有较强的跨文化交际能力的外语人才还需要我国的外语教育工作者在教学过程中研究国外教育理论、教学方法、教材建设及教师培训等方面的先进经验，并与我国学生外语学习的实际情况相结合，制定有益于学生跨文化交际能力培养的外语教学体系框架。

第三节　基础英语教师团队建设

　　教学质量是学校的生命线，教师是教学质量提升的核心要素。教师团队的专业高度是学校教学质量的"水位线"，教学质量管理需要建设和管理好教师团队。学校需要在锻造团队的精神文化、健全团队的运行机制、开展团队的项目研究、搭建团队的分享平台等方面着力，全面建设教师团队，促进学校教学质量和办学品质的提升。

一、锻造教师团队的精神文化，为教学质量提升蓄力

　　"教师团队精神是教师团队的灵魂"。团队精神是集体智慧的结晶，是凝聚众人的精神力量，是团队的精神信仰。指向教学质量管理的教师团队建设，具有导向、凝聚、控制等积极的功能，能够有效地为教学质量提升蓄积力量。

（一）构建团队发展愿景

　　共同愿景既能体现团队未来发展的远大目标，又能体现团队成员的共同愿望，为团队带来强大的内驱力，激发团队及其成员的创造力。

　　教师团队作为学校教育的有机构成，其根本任务是教书育人；指向教学质量管理的

教师团队，其核心目标指向教学质量提升。南京市小营小学在教学质量发展的上升时期，处理好减负与增效的关系以提升教学质量，就是每一个教师团队的共同愿景。在共同愿景的引领下，学校毕业班教师团队在共同商议的基础上，确定的团队愿景包括关注每一个学生的心理、体能、学习三个方面。其中，在促进学生学习方面，确定了分层辅导、技术支持、精准纠错等教学策略，有效地提高了毕业班的教学质量。

成功的教师团队应该能把团队愿景转化为具体可行、可量化的绩效目标，并与个人愿景紧密结合在一起，这样，才能形成强大的凝聚力和对全体成员长久的激励作用。在教师团队建设过程中，团队带头人应该在认真了解团队成员发展意愿的基础上定位共同愿景，并把团队共同愿景与成员个人愿景有效地加以结合，以引领团队成员共同成长。南京市北京东路小学特级教师张齐华工作室的愿景是：以工具撬动学习变革，以研究引领团队成长。这样的发展愿景引导工作室每位成员卷入具体教学策略的研制与应用，推动课堂变革，促进自身成长。

（二）培植团队灵魂人物

威斯勒说过，在团队文化形成的过程中，灵魂人物的作用非常明显。教师团队精神文化的形成当然也不例外。在指向教学质量管理的教师团队建设中，团队灵魂人物的专业引领、管理协调非常重要。

在教师团队创建过程中，团队灵魂人物的专业领导力对团队文化的形成有深远的影响，甚至影响整个教师团队的文化风格与发展趋向。南京市海英小学在组建"小学'全语境'儿童汉字学习新探索"项目团队时，大胆起用已有25年工龄的"老教师"作为团队负责人，带领一群入职5年以内的年轻人进行研究。年龄的落差凸显了经验的优势。该负责人充分发挥自己的专业优势，处处先行先试，乐于辅导年轻人，使团队成员屡屡在市、区各项竞赛中获得大奖，该校低年级语文课堂教学质量也因此得到了提高。可见，专业引领与精神带动，对团队发展起着重要的支持作用。

团队灵魂人物不仅是专业引领者，而且也是团队管理者，需要具有高超的领导艺术和管理能力。北京东路小学的数学团队成员，个个专业优势突出，似乎都顶到了"天花板"，这给团队带头人带来了极大的挑战。团队带头人借助市级名师工作室这个平台，营造智慧共享的氛围，捕捉课堂中儿童数学学习的细节，组织团队成员展开问题分析、现象溯源、理论解释。这样贴近现实的追问与审思，让团队成员都找到了自己的"最近发展区"，在课例诊断、理论省察、视频切片、微信呈现、论文撰写中研究之路越走越宽。

（三）营造团队情感氛围

良好的合作是以温暖的情感为基础的。因此，营造适宜的情感氛围，形成团队向心力、凝聚力，是教师团队建设不可或缺的内容。

在团队建设中，开放民主的氛围有利于成员个性特长的发展，为教师们展开教学探究与创新实践奠定基础；团队成员相互支持、相互鼓励的和谐环境，能够激发个体和集体创新的信心、热情与勇气，增强工作学习的自信心与愉悦感。在学校"上下同心，凝聚人心"的"同心"管理理念的引领下，小营小学营造了温暖、舒适得像家一样的教师团队氛围，让每一个参与其中的人都感受到了温暖与力量，自觉自愿地为团队发展贡献力量。

情感与精神往往是同构的，营造温暖的团队情感氛围离不开团队集体精神的培育。在集体精神的感召下，团队成员在奉献自己力量的过程中收获肯定、进步和喜悦，形成良好的情感氛围。南京市逸仙小学以学校"多维互动课堂"研究为契机，培植教师团队共研的协作精神。教师团队每月定一个研究专题，组成跨学科的研究小组：阅读理论分享组、课堂创意设计组、基于课例的观测组。每个小组的每位成员都积极参与其中，表达、分享、完成任务，激发自我能量，共建团队精神。

二、健全教师团队的运行机制，为教学质量提升护航

任何一个组织都要形成自己的运行机制，否则难免一盘散沙，甚至走向解体。作为一个共同体，指向教学质量管理的教师团队需要建立健全运行机制，从而保证团队规范、高效、灵活地运行，为教学质量提升保驾护航。

（一）创新团队组织管理

团队组织方式决定了团队成员之间的关系及团队的日常运行方式。教师团队是多元的，要根据不同团队的实际情况灵活选择团队的组织方式。小营小学根据教师的特点成立了多个工作室：美术组的"涂鸦"工作室、体育组的"绿荫之梦"工作室、语文组的"思语"工作室等。这些团队有的是以项目为主的，有的是以兴趣为主的，团队的组织方式各不相同。譬如，以兴趣为主的团队往往是相对松散自由的，没有严格的组织架构和人员分工，大家都是凭着兴趣和热情参与团队活动。

教师团队建设要注重工作模式的创新，从而激发每个人的能量，形成巨大的团队力量。小营小学的数学和科学学科加入了南京市教研室的差异化教学研究团队。在工作中，团队构建了个性展示、案例研讨、实证矫正的工作模式，这不仅推动了团队的发展，而且促进了成员个人的成长。2019年，团队中一位老师被评为南京市学科带头人，一位老师成长为学校的教科室主任。

学校要加强对教师团队的绩效考核，形成报酬激励、成就激励、机会激励三位一体

的激励机制。通过实施合理的分配方案，团队和成员在物质上得到相应报酬；通过给予相应的荣誉、地位等，团队和成员获得成就激励和机会激励。

（二）开列团队任务清单

团队任务清单是使团队的目标得以落实的有效举措。开列任务清单，可以明晰团队亟须解决的问题，促进团队成员有效开展行动，更科学合理地分配时间和精力。小营小学的"以改革促质量提升"课堂改革项目组开出了以下任务清单：（1）期初进行听课反馈；（2）进行班级一日视导；（3）每月月中开展专题课堂研究活动；（4）案例撰写分享；（5）磨课工作室1+N模式构建，要求参与项目的每一个教师团队选择其中的三到四项任务，认真完成。开列任务清单，将项目的工作重点清晰呈现出来，确保了项目朝着既定目标扎实推进。

（三）强化团队专业支持

专业支持是教师团队发展的加油站，能让团队建设更优质、更高效。教师团队的有效运行离不开强有力的专业支持。

最持久、最有效的发展动力总是内生性的。调动团队成员力量实现优势互补，强化团队的自我专业支持，是激发教师团队内在动力、推动教师团队持续发展的重要举措。教师团队的内部专业支持不仅来自团队灵魂人物，每个团队成员都有自己的专长，都可以在某些方面为团队提供专业支持。海英小学的雁阵型教学团队建设倡导关注每一位教师，尊重其主观愿景，激发其专业动能。学校的数学雁阵团队在前期组建时充分考虑教师的年龄、教学专长、能力水平等特点，进行优化组合。团队采用"无墙式"研讨，每位成员都畅所欲言，毫无保留地提出自己的意见，为团队发展贡献自己的智慧和力量。

在激发团队内在动能的同时，团队发展也离不开外部力量的专业支持。教师团队建设要邀请相关领域的专家定期到校指导，根据团队需要、成员特点提供"点、线、面"结合的全方位专业化服务，助力团队成长。南京市宇花小学在教师团队建设中坚持专业引领，邀请校外知名专家做专题讲座、学术报告，邀请名师到校上示范课，助推了学校学科领军人才的成长。

三、开展教师团队的项目研究，为教学质量提升施策

教师团队建设要与教学质量提升统一起来，必须面向实践、直面问题，做到系统思考、精准施策。小营小学历经十年，探索以"项目制"推进教师团队成长的路径，较好地破解了教学质量提升的难题，教学质量显著提升，学校也从一所普通小学成长为在省、市有一定影响的名校。

（一）面向实际，寻找路径

十年前，小营小学发展遇到瓶颈，教师成长与发展的势头不强，教学质量在中游徘徊。适逢南京市教育局推进小班化教育，学校成为南京市教育科学"十一五"规划重大招标课题"南京中小学教学质量监控与保障机制的研究"子课题项目点。如何抓住契机，开展研究，加强教师队伍建设，全面提升学校的教学质量？将课题研究、项目推进与质量提升的难题破解结合起来，是学校的最初定位。

（二）拿出实招，务实推进

我们在专家指导下拿出了具体的策略，即"专家指导，整体架构"——"团队先行，绘制图谱"——"模仿入格，细化落实"。

（1）专家指导，整体架构。在华东师范大学专家的指导下，学校找到了通过教学目标双向细目表的研究促进教学质量提升的路径。教学目标双向细目表是基于学生认知层级和知识的难易程度建构的二维学习目标评级体系。教学目标双向细目表引导教师既要关注学习内容——教材知识，又要关联学生的认知层级，进而确定知识教学的难度与路径。学校借助专家引领，成立了项目团队，积极开展教学目标双向细目表研制。

（2）团队先行，绘制图谱。教学目标双向细目表研制项目团队的成员积极参与学习。他们一方面听专家解析，理解基本原理；一方面深读专著，即使读不懂，也要扎扎实实读一遍。这样"啃骨头"式的学习，让团队成员从观望、拒绝、质疑，逐渐走向理解、接纳、尝试。在专家的指导下，团队成员首先对基于双向细目表的教学质量管理体系进行整体架构，形成学校的教学质量管理图谱，并进行了语文和数学学科教学目标双向细目表的拟制。

（3）模仿入格，细化落实。全体教师在学习理论和研究项目团队开发的教学目标双向细目表的基础上，进行进一步研讨，明晰了识记、理解、应用、分析、综合、评价等学习水平在本学科、本学段的学生学习行为中的表现特征，并自己着手拟制一份双向细目表。

（三）注重实效，推动发展

学校在专家团队的指导下出版了"中小学教学质量监控与保障"丛书，此项成果还获得南京市小班化教育教学成果评比一等奖。

指向教学质量提升的双向细目表的研制，让教师的教学观念经历了一场洗礼，让学校的课堂面貌发生了深刻的变化，让学校的教学质量稳居全区前列。在研究中，教师学科系统思维逐步形成，超越自我的愿望和能力显著增加。教师更有针对性地设计指向关键能力的目标化练习，建立支持差异化学习的拓展资源包，基于网络推动教学结构与教学方式的更新。

四、搭建教师团队的分享平台，为教学质量提升拓路

教师团队成果分享不仅能推广团队研究与实践的成果，让成果惠及更多师生，而且在分享的过程中还能进一步接收和吸纳反馈信息，让成果更加科学、更加完善。积极推进团队成果分享，建立多层次的展示平台，为团队成长、教学质量提升拓宽了道路。

（一）团队内部的分享

教师团队中每个成员都是不同的，有"经验型""技术型"教师，也有些"思辨型""科研型"教师。针对每个成员的特点，开展团队内部的分享，不仅能展示每一位教师个性化的研究收获，也能丰富团队的研究成果。南京市锁金新村第一小学35周岁以下青年教师组成的"青春如火超越自我"阅读团队自我约定，每周二、周四、周六在微信群读书打卡，要求每两天至少阅读20页，写读后感100字以上。阅读群建立初期，为了不让青年教师觉得是一种负担，学校对书目没有做硬性的规定和要求。一学期下来，学校发现让青年教师根据自己的需求自由选择阅读内容，教师的阅读积极性得到了保护：每位教师平均阅读5本书、写读后感10000字左右。今后，学校将围绕老师们在读后感中谈及的某些话题，组织青年教师深入讨论，将阅读群建成阅读、分享、交流的平台。

（二）团队之外的分享

教师团队的成果分享也可以走出团队、走出校园，走上更大的平台。当团队取得了丰硕的成果后，也应该通过研讨会、汇报会等多种方式，面向同行和社会进行推广，让团队成果发挥更大的效益，让团队成员收获更多的成就感。北京东路小学每年都组织面向全国、全省、全市的大型展示活动，如"12岁以前的语文"全国论坛、省级规划课题专场汇报、学科组区域展示等。学校让教师团队参与其中，充分发挥每一位团队成员的力量，提升青年教师的课堂研究能力，发挥成熟教师的骨干引领作用，提升教育教学管理的实效。在团队分享中，学校也在进一步梳理研究的阶段性成果，提炼教育教学中的特色成果，对每一个研究团队都进行宣传，让每一位教师都可以在团队中得到充分的肯定和鼓励，给团队发展提供持续不断的动力。

在好的教师团队中，人们为了创造自己真心渴望的成绩而持续拓展能力；那里，各种开阔的新思想得到培育；那里，集体的热望得到释放；那里的人们不断地学习如何共同学习。只有拥有一支具有向心力、凝聚力、战斗力的教师团队，拥有一批彼此互相鼓励、支持、合作的成员，拥有一套科学、合理的管理制度，学校才能不断发展，教学质量才能不断提高。

第四节　基础英语课程资源建设

英语作为全球使用最广泛的语言之一，已经成为国际交往和科技、文化交流的重要工具。基础教育阶段的英语课程对于提高整体国民素养及培养具有国际视野、知晓国际准则、擅长国际交流的未来公民具有十分重要的意义。21世纪以来国家高度重视基础教育阶段的英语课程建设与改革，从2001年至今，教育部正式颁布过4个版本的《义务教育英语课程标准》（中华人民共和国教育部2001，2003，2012，2018）。课程资源是课程建设的基础，如何合理开发和积极利用课程资源是有效实施英语课程的重要保证。因此随着基础教育阶段英语课程改革的进一步推进，英语课程资源建设的重要性也愈加凸显出来。

在政策层面上，《义务教育英语课程标准》（2012）（简称《课程标准》）明确提出语言技能、语言知识、情感态度、学习策略和文化意识5个方面共同构成的英语课程总目标，并强调英语课程资源是完成该目标非常重要的保障。《课程标准》还明确提出课程资源开发与利用的建议：①开发与利用教材资源；②开发与利用学校资源；③开发与利用网络资源；④开发与利用学生资源。《普通高中英语课程标准》（2018）也针对课程资源建设提出相应的建议，例如，要统筹各方力量创设课程实施条件和环境，要系统规划校内外各类课程资源的实用性，提高课程资源的有效性和利用率。

在现实层面上，英语学习者的学习模式日趋多样化，移动学习的地位不断凸显；英语教学资源展现形式日趋多元化，传统介质失势，电子介质优势地位明显；教学资源建设者也呈多元化（如国家、学校、公司）。而且，境外影音教学资源如电视剧、电影、歌曲、（有声）书刊等大幅度进入。为此，探讨当前背景下基础教育阶段英语课程资源建设对推进和深化英语课程改革具有重要意义。本部分首先对课程资源概念进行阐释，然后对我国基础教育阶段英语课程资源建设现状进行分析，在此基础上对未来英语课程资源建设提出建议。

一、课程资源的概念

课程资源是指供给并满足课程活动需要的一切，它包括构成课程目标、内容的来源和保障课程活动进行的设备和材料。课程资源的概念按其功能特点有广义和狭义之分。广义的课程资源是指有利于实现课程目标的各种因素，狭义的课程资源仅指教学内容的直接来源。按空间分布和支配权限可以分为校内课程资源和校外课程资源，凡是学校范围内的课程资源就是校内课程资源，超出学校范围的就是校外课程资源；还可以从其他视角把课程资源划分为社会资源与自然资源，人力资源、物力资源与财力资源，纸质资源与电子声像资源，等等。总之，课程资源由于划分的标准或视角不同，其概念也就不同。

根据《课程标准》，英语课程资源包括英语教材及有利于发展学生综合语言运用能力的其他教学材料、支持系统和教学环境等，如音像资料、直观教具和实物、多媒体软件、广播影视节目、网络资源、报纸杂志及图书馆、班级、学校教学设施和教学环境创设，等等。此外，课程资源还包括人的资源，如学生资源、教师资源和家长资源。他们的生活经历、情感体验和知识结构都可以成为宝贵的课程资源。

正确理解《课程标准》关于基础教育阶段英语课程资源的概念是我们进行课程资源建设的重要前提。对课程资源概念的理解既不能过于狭窄也不能过于宽泛，否则我们在课程资源建设过程中就会偏离方向，也就无法服务于新课程改革目标的实现。另外，了解当下我国基础教育阶段英语课程资源建设的现状也是确保未来课程资源建设质量的重要一环。

二、基础教育阶段英语课程资源建设现状

纵观我国基础教育阶段英语课程资源建设情况，以下几种现象较为普遍。

（一）两多，两少

"两多，两少"指教材资源与网络资源多；学校资源与学生资源少。目前的课程资源基本上以教科书为主，绝大部分教师满足于上级规定使用的教科书及配套的教师参考书和学生课外练习书。以"国家教育资源公共服务平台"（教育部主办）的基础教育阶段英语课程资源为例，通常都是以教材章节编撰、以教材为主的教学资源，基本没有涉及学生的资源。在经济相对发达的大中城市，学校还有比较丰富的网络教学资源，甚至出现各种网络资源堆砌的现象。课程资源主要以自上而下的方式推进，缺乏自下而上的资源建设，忽略一线教师和学习者的主体作用。

（二）重教，轻学

"重教，轻学"体现在两个层面。第一，目前课程资源以教为主，内容以教学设计、教学课件、课堂实录、（教学）素材为主，这导致教师严重依赖教材，而在挖掘和整合教材方面的意识比较薄弱。丰富的网络资源也更多偏重教学层面，针对学生学习的课程资源较少，这与《课程标准》所强调的学习者"学"的精神相违背。第二，现有的大量课程资源更适用于教授基本知识点、强化基本技能，而缺乏涵盖学习策略、引导培养学

生自主学习能力的学习资源，这与《课程标准》中强调的培养学生自主学习能力的目标不一致。

（三）重前期建设，轻后期完善

课程资源建设快，但是缺乏使用后的评估或者存在评估形式单一、反馈贫乏或者流于形式等问题，这些均弱化评估在教与学中的地位，而且也不利于教学资源建设过程中的改进与完善。表面上看网络资源相当丰富，但实际上这些资源的易用性差、使用率低，而且网络资源缺乏后期维护和更新。使用者与课程资源的关系基本上是"单向"关系，缺乏使用者对于课程资源建设的反哺性建设或者建设性反馈。

（四）课程资源建设发展不平衡

大中城市的课程资源相对比较丰富，但广大农村地区尤其是偏远山区的课程资源相当匮乏。而且由于平时缺乏相应的课程资源建设和使用的培训，许多教师只停留在书本知识尤其是语法知识和词汇知识的讲解和传授上，没能充分利用现有课程资源使教与学的活动更加合理有效，从而激发学生的学习兴趣，提高教学效果。

（五）缺乏系统的理论和实践研究

我国基础教育阶段的英语教学长期以来以经验交流为主，缺乏理论探讨和实证研究。现有的相关文献也大多是经验性文章，理论探讨或者理论与实践相结合的文献几乎没有。而课程资源建设更是一个长期被忽略的领域，现有的极少量相关研究内容过窄，基本上以教材研究为主。

三、对未来英语课程资源建设的思考

笔者认为，基础教育阶段的英语课程资源建设要尽可能体现以下特点：

（一）资源的主题性与思辨性特点

以主题为引领，多思考、多辩证，"寓理于学"，加强全人类的教育理念。同时注重主题的时代性，通过语言课程资源引导教师与学生多去探究世界、了解身边的知识与信息，培养自己的思辨能力，而不只是局限于语言学习中。

（二）资源的模块性或专题性特点

资源建设的内容要考虑到语言能力的各个方面，甚至可以考虑强调语言次能力的分区训练资源。随着早期英语教学的发展，很多儿童都较早地接触到英语，也较早体现出各个次能力的强弱，这样提供分区资源，有的放矢。

（三）资源的时代性与引领性特点

目前我国小学、初中和高中的教材绝大部分已经使用很多年，教材的许多内容和语篇都已经跟不上时代，而且这些教材以功能、结构的内容居多，大部分都是工具性的目标，而围绕核心素养内容方面的设计比较缺乏，关心品格培养、学生内心世界和思维能力培养的内容设计都较少。要实现课程资源的时代性与引领性，必须要以了解新课程改革的目标为前提，宏观的教育目标（比如把学生培养成为具备核心素养的全面发展的人）和微观的教育目标（比如外语课程的育人价值，即语言是品格和思维方式的一种体现）缺一不可。只有这样，我们所建设的课程资源才能更好地为实现新课程改革的目标服务。

（四）资源的技术性特点

随着信息技术的发展，新课程理念下的课程资源建设也必须有新的突破。资源建设要体现当前泛在学习（Ubiquitous learning）的特点，即"以人为中心，以学习任务本身为焦点"的学习，提供适应教与学，且体现移动学习特点的便捷资源，以便学生可以随时随地利用泛在网络和任何移动终端进行英语学习，实现更有效的以学生为中心的教育。在泛在学习环境中，学生根据各自需要在多样的空间、以多样的方式进行学习，即所有的实际空间都可以成为学生学习的空间。此外，利用信息技术开发的网络学习资源可以通过网络交流平台让学生实现跨班级、跨学校、跨地区、甚至跨国度的在线协作学习和交流，从而拓宽学生的英语学习渠道，增强学习效果。强调课程资源共创、共享，并为使用者反哺课程资源提供可能。

（五）资源的引导性与自主性特点

资源建设要区别教师主讲与学生自主学习的资源分类。鉴于目前已有的自主性学习资源在自主学习策略上的引导性不够，笔者建议，我们可以借鉴美国基础教育阶段通过文本细读精读（close reading）的方式使学生在阅读中得到思维与语言表达双重训练的做法。在最新的美国共同教育大纲（Common Core State Standards，又译为"共同核心标准"）要求下，在基础教育阶段（从幼儿园到12年级），每个孩子都要学习如何精读。具体来讲，就是要求孩子阅读的时候，要学会提出问题，要研究文字和语言，要搞明白故事结构和逻辑，要能够分析人物，等等。目的就在于引导孩子们有方法、有目的地从阅读中获取知识，锻炼自己的思辨能力，而不是囫囵吞枣，不求甚解。这样的精读实际上是一个把书"从薄读到厚"的过程，即促使学生从一本书出发，了解更多的相关背景，并加入自己的思考和探究。

（六）资源的区域性特点

鉴于大城市、中小城市、农村和偏远山区之间巨大的地域性差异，自上而下的课程资源建设方式显然行不通，我们应该鼓励自下而上的资源建设。首先，积极发挥各地区教师及教研员的作用，筛选一批当地优秀的教师和经验丰富的教研员共同建设该地区的课程资源，原因在于他们对当地的学情有基本共识、对于当地的课程理解深刻、对于课程需要的素材和学生预期的掌握程度都非常熟悉。其次，为了更好地帮助农村和偏远山区课程资源建设的发展，我们还可以考虑启动一些教育优势城市或区域带动和扶持教育劣势地区的项目。

（七）资源的可续性特点

自从王初明将"续"的理念引入二语教学，姜琳和涂孟玮、王初明、许琪等进行的一系列实证研究都证明"续"的促学效应。笔者认为，"续"的促学理念同样适用于基础教育阶段的英语课程建设。在课程建设中包含"续"的语言学习任务更加容易唤起学习者表达思想的内生动力，大大激发他们的可持续学习兴趣。

（八）资源的系统性特点

尽管上文探讨资源建设要具有分主题、分层次、分区域、分模块等特点，但系统性是课程资源建设永恒的主题。尤其要注重小学、初中、高中分学段的课程构建理念，即循序渐进、打好基础、一脉相承、注重衔接。

（九）要注重人的资源建设

根据《课程标准》，课程资源包括人的资源，如学生资源、教师资源和家长资源。其中教师是最重要的课程资源，教师优质的专业化水平能带动其他课程资源的建设与发展。而且，课程资源的利用效果也会在很大程度上受到教师专业化水平和教师投入度的影响。因此，教师队伍建设始终是课程资源建设过程中最具有决定性意义的环节。另外，要强化校本课程资源及"学"端课程资源的建设，充分发挥各地区、学校、教师、学生乃至家长在课程资源建设过程中的主体作用。

课程资源建设是一项系统工程，不仅要处理好课程内部各要素之间的关系，还要注意与课程外部相关要素的协同发展。因此我们不能孤立地看待课程资源建设问题，而是应该把它纳入整个课程改革计划，并确保其得到政策上的支持。最后笔者呼吁，一定要加强课程资源建设的理论研究，强调课程资源共创、共享，并为使用者反哺课程资源提供可能。同时我们要在理论指导下进行大量实证研究，以实现各学段之间课程资源的系统衔接和深度整合。

第六章 基础英语新课程资源开发与课程优化

第一节 基础英语新课程资源开发原则

  课程资源是形成课程的要素来源及实施课程的必要而直接的条件。它包括构成课程目标、内容的来源和保障课程活动进行的设备和材料。课程资源的分类多种多样，按课程资源的作用特点可以分为：素材性资源和条件性资源。素材性资源是指形成课程的素材或来源，包括各种知识、技能、经验、智慧、情感体验及价值观等因素。它们的特点是作用于课程，并且能够成为课程的要素。条件性资源是指实施课程的基本而又必要的条件，它在很大程度上决定着课程的实施范围和水平，包括人力、物力、财力、时间、设施和环境等因素。

  按课程资源的形成可以分为：预成性资源和生成性资源。预成性资源在课程实施之前就已形成，与课程的实施没有必然联系。如图书馆、语音室、教科书、课程计划等。生成性资源在课程实施过程中形成，与课程的实施有直接联系。包括在课堂教学中，教师和学生对课程的创造性理解，以及师生互动联合创造的教育经验。

  按课程资源的空间分布可以分为：校内资源和校外资源。校内资源就是学校范围内的资源。学校范围外的资源就是校外资源。校内资源和校外资源对于课程的实施都是十分重要的。考虑到利用的经常性和便利性，校内课程资源开发应居主要地位，但这并不意味着忽视校外资源的开发和利用。相反，我们应在校内资源为主的基础上，重视校外资源的开发和利用，帮助学生与校外环境进行交流。

  依据不同的划分标准，课程资源还可以分为其他的不同类型。但是，各种课程资源之间没有绝对的界线，它们有着密切的联系。如生成性资源中就包括大量的校内资源和校外资源，校内资源又包括素材性资源和条件性资源，条件性资源又包括生成性资源。

  英语新课程标准对英语新课程资源开发和利用提出了新的目标和要求，这就是以英语教材为核心，学校利用现有的资源，开拓教与学的渠道，更新教学方式，增强英语教学的开放性和灵活性。尊重教师开发课程的主体地位，鼓励和支持学生参与课程开发，既要充分利用信息技术和互联网络，也要考虑实际条件，量力而行。为了实现以上目标，我们需要对英语新课程资源的开发与利用问题进行认真探讨。

一、适应性原则

包括三个方面：首先是适应学生的需要。课程资源开发要符合学生的兴趣爱好，与学生学习的内部条件相一致。其次是与教师的教学水平相适应。教师不能驾驭的课程资源没有利用的可能性。最后，与学校的自身条件和特点相适应。学生需要的课程资源很多，学校不可能满足每位学生的每个需求。因此，学校应立足于现实状况，优先选择和开发适应本校实际的课程资源。

二、公平性原则

学校所拥有的资源的优劣，意味着学生的发展机会的平等与否，而机会不平等就会影响教育公平。因此，社会要建立公平分配课程资源的机制，保障对不公平的约束，平等地对待所有学校，公平地分配课程资源；学校内部也要公平地分配课程资源，使每个学生享受平等的教育机会。

三、发展性原则

新课改的一个重要目标就是促进每位学生的发展。因此，课程资源首先要促进学生的发展。通过课程资源的开发，学生利用资源来更好地学习、探究和实践。其次是促进教师的发展。课程资源开发对教师提出了新的挑战。教师的素质状况、教学水平决定着课程资源的识别范围、开发与利用的程度，以及发挥效益的水平。因此，课程资源还要促进教师的发展，以便教师与课程资源之间形成一个良性循环。

四、全面性原则

课程资源的开发要全面考虑，挖掘一切可能的课程资源，为教学服务，为教师和学生的发展服务。从我国目前的三级课程管理的政策角度，课程资源可以分为三个级别，即国家课程资源、地方课程资源和学校课程资源。

国家课程资源主要是指关系到国家教育发展、国家课程开发的课程资源。它主要包括：保证国家组织安全运行和发展的政治思想及制度化的法律法规；保证培养增强国家竞争实力的人力资源所需要的科学技术知识和创新能力的资源；保证民族文化延续和发展的民族文化资源。

地方课程资源是指国家内部的各地方具有的政治、经济、文化、风俗、组织等方面的独特资源。地方课程资源强调地方特色和差异的部分。开发地方课程资源，保证地方文化传统的继承和发扬，是在全球化时代继续保护人类文化多元特色的重要途径。学校课程资源主要是指教师经验、学生经验、教材、学校设施、教学时间等资源。

（1）教师经验课程资源主要是指他们丰富的思想内涵、知识修养、教育技术等。这些既要成为课程活动的组成部分，又要成为教师自我反思和评价的对象。

（2）学生经验课程资源主要是指学生的心智发展状况、知识程度、学习习惯、个性品质等。学生是学校课程活动的主体，学生的经验资源是课程活动的重要基础，任何课程活动都不能离开学生经验课程资源。

（3）教材是学校重要的课程资源，是学生学习的重要依据，但它并不是学生课程活动的唯一来源。

（4）学校设施包括保证课程实施的各项必要的设备与条件，如教学场所、图书、仪器等。

（5）教学时间资源是指教师与学生进行课程活动所可能利用的时间，它的总量极为有限，是最为宝贵的课程资源。

第二节　基础英语新课程资源开发途径

英语教学的特点之一是要使学生尽可能多地从不同渠道、以不同形式接触和学习英语，亲身感受和直接体验语言及语言运用。因此，在英语教学中，教师除了合理有效地使用教材以外，还应该积极利用其他课程资源，特别是英文报刊与广播电视节目、信息技术和网络、校本课程、英语教师、学生等。

一、英语教材

英语教材虽然不是唯一的课程资源，但仍然是英语新课程资源的核心部分。教育行政部门和学校要保证向学生提供必要的教材。作为学校英语教学的核心材料，英语教材除了学生课堂用书以外，还应该配有教师用书、练习册、活动册、挂图、卡片、音像带、多媒体光盘和配套读物等。学校应在教育主管部门的指导下，在与教师、学生和家长共同协商的基础上，选择经教育部门审定或审查的教材。

所选用的教材应该具有时代性、基础性、选择性、发展性、拓展性、科学性和思想性；应该符合学生的年龄特征、心理特征和认知发展水平。教材应该语言真实、内容广泛、体裁多样，能激发学生的学习兴趣，开阔学生的视野，拓展学生的思维方式。根据英语教学的特点，学校可以适当选用国外的教学资料，以补充和丰富课堂教学内容。

当然，对于选定的教材内容教师还应当根据需要和学生实际水平做适当的补充和删减，也可以用其他内容替换，要对教学内容加以设计，合理安排教学程序和教学方法。

二、报刊与广电节目

除英语教材以外，学校和教师还应积极开发和利用其他课程资源，尤其是英文报刊与广电节目，例如：英语广播、英语影视节目、录音、录像资料和英文报刊等，要充分利用图书馆、语言实验室和音响设备等基本的和常规的教学设施。教育行政部门和学校要尽可能创造条件，为英语新课程提供这些教学设施。条件较好的学校还应该为英语教学配备电视机、录像机和计算机等多媒体设备；应尽可能创造条件，建立视听室，向学生开放，为学生的自主学习创造条件。学校要组织学生收看或收听难度适当的英文节目，也可以对节目进行录制、保存。学校还应订购一定数量的适合学生的英文报刊，鼓励学生积极阅读，扩大英文阅读量。

（一）报刊

今天学生们可能接触到的英文报纸和杂志很多，比如《英语周刊》《中国日报》等，这些报刊具有很强的新闻性，能及时反映国内与国际时事，同时还有不少与中小学生英语水平相应的英文知识和练习题。可以肯定，利用这些可以增加学生英语学习机会，并使学生学到许多新的表达方式。

（二）原声录音

例如学校可以要求学生每周听一篇《新概念英语》（第三册）中的短文录音，并模仿录音向全班朗读。利用可以获得的原声录音材料，培养学生对英语的真实感觉，促进学生语音语调的标准化。

（三）日常生活资料

在我们所处的生活环境中，有许多汉英并存的资料，如产品说明书、博物馆的简介等，它们都可以作为英语新课程资源。

（四）广播、电视和电影

现今不少广播、电视都有英语栏目。原版的英语电影和录像与英语国家社会生活接近，有利于学生了解外国文化。学校可以每周组织学生观看一部原版英语录像，如

Home Alone，The Sound Of Music 等。这些可以让学生了解英语国家的生活，有助于促进学生的英语学习。

三、网络资源

在开发英语新课程资源时，教师要充分利用信息技术和互联网络。专门为英语教学服务的网站为各个层次的英语教学提供了丰富的资源。另外，计算机和网络技术又为学生的个性化和自主学习创造了条件。通过计算机和互联网络，学生可以根据自己的需要选择学习内容和学习方式，具有交互功能的计算机和网络学习资源还能及时为学生提供反馈信息。另外，计算机和网络技术可以使学生之间相互帮助，分享学习资源。因此，各级教育行政部门、学校和教师要积极创造条件，使学生能够充分利用计算机和网络资源，根据自己的需要进行学习。有条件的学校还可以建立自己的英语教学网站，开设网络课程，进一步增强学习的开放性和灵活性。与其他传统的教学手段相比，网络资源有许多优点，因为网络资源信息量大，可以说是一个取之不尽的信息海洋；交互性强，使用网络可以在一个比较实际的语言环境中进行相互交流；知识更新快，网络上的语言，同实际生活中的语言发展同步；趣味性强，网上内容生动活泼。在信息化时代的今天，网络在英语新课程资源的开发和利用中，越来越凸显其重要性。

（一）网络资源的价值

1. 扩展学习时空

网络技术的发展将扩大学校教育的时间和空间，使学生从一个封闭的班级走向一个无班级、无年级，甚至无国界的广阔的学习空间，将学生和教师从时空的桎梏中解放出来，教师可随时随地教，学生可以随时随地学。

我国学生很少接触来自说英语国家的人，很难有机会与说英语的人进行交流，通过国际互联网，学生就可以与外国人网上交谈，还可以以电子邮件的形式结识外国朋友，提高英语写作能力。国内互联网上也不乏英语爱好者或者英语专家，学生可以与之交流心得体会，吸取他人的学习经验。

2. 提高教学效果

网络教学环境集图、文、声、色于一体，有丰富的表现力，可以打破传统的教学模式，在有限的时间内给学生提供多种形式的训练方式，大大丰富课堂教学的信息量，提高教学效果。

3. 激发学习兴趣

心理学研究表明被动学习的东西是不会长久留在大脑中的。学生如果对学习的内容充满了兴趣，就表现为主动、积极和自觉，将学习当作愉快的享受，而不是一种负担。从某种意义上说，兴趣就是学习的动力。利用网络技术，学生可以下载各种生动的资料，它们多有切入、飞入、螺旋等动画效果，配上声音和颜色，效果更好。这些直观材料对于激发学习兴趣很有作用。

（二）网络资源在英语教学中的应用原则

网络具有形象生动、信息容量大、传输速度快等特征，对培养学生的英语学习兴趣和提升英语素质都具有积极的促进作用。教师在运用时要把握以下几个要点，不可滥用。

1. 熟练性原则

这是最基本的前提，要想取得良好效果，英语教师必须熟悉计算机的软硬件设备，以便能及时解决学生运用计算机的过程中出现的技术问题。教师要学会通过电子邮件与学生进行交流，与其他同人进行探讨，还应学会选择适当的课件，利用计算机制作一些简单的英语教学课件，并能从网上下载一些英语教学所需要的教学资料。

2. 适度性原则

网络只是一种教学辅助手段，有着许多优点，但是它不能取代教师的主导作用。课堂中学生出现的问题多种多样，计算机只能在课件范围内帮助学生，而不能解决课堂内所有的问题。过多的多媒体教学课件的展示会使得本该富有情感的师生交流变成冷冰冰的人机对话。况且任何课件都有一定的局限性。即使课件很理想，如果没有科学的教学原则为指导，仍然不能取得预期的效果。因此，网络资源辅助英语教学应适度。

3. 批判性原则

网络是一个传递各种信息的快速便捷的渠道，它在传递有益信息的同时，也会传递各种不健康的内容。因此，教师必须保持高度的批判性，才不至于有害学生的发展。

（三）英语教学中应用网络资源的方式

1. 从网络上下载英语教学课件或软件

网络上课件或软件辅助英语教学的形式比较多，有操练、情景模拟、对话、游戏和检测等。

2. 在网络上浏览或下载英文阅读材料

网络上可供浏览或下载的英文材料形式很多，比如英语新闻、英语名篇、英语练习等。网络提供的这些材料多数具有新颖性、趣味性、及时性等特征，对读者有很强的吸引力。因此，利用网络资源可以丰富学生英文学习的资料，增加学生英语学习的机会。

3. 利用网络作为交流的平台

网上对话、网上聊天、网上传递信息都是网络给人们带来的交流机会。对于英语教学来说，利用网络，师生之间、同学之间可以互相发送电子邮件，用英文对话、聊天等。这些活动无疑有助于提高学生英语学习的自觉性和积极性。

4. 参加网上学校学习

现代远程教育通过计算机网络开展，学生学习十分便利，各种网上学校更是层出不穷。开通网络，学生可以随时参加网上各种形式的学校培训。网上英语学校和英语培训班提供多种形式的教材，也提供多种形式的测验试题。这不仅为学生提供了学习机会，而且降低了学习费用。

四、校本课程

（一）英语校本课程开发的意义

1. 弥补国家课程的不足

国家课程是由国家教育行政管理机构组织专家决策、编制的面向全国的课程，具有普遍性和基础性。但是，各个地区的社会、经济、文化的发展水平不同，教育需求各异，各个学校的办学条件存在差别，师资力量参差不齐。再加上国家课程的修订周期长，缺乏灵活性，不能及时反映科技进步的成果。因此，国家课程的推广无法达到理想的效果。校本课程开发是按照国家课程标准，以学校的主客观条件，以及当地的经济文化为基础，及时融进学科的最新发展动态，为学生提供可供选择的多样化课程，以满足学生和社会发展的需求。校本课程是我国三级课程管理的重要组成部分，校本课程开发可以弥补国家课程的不足。

2. 满足学生的不同需要

新课改的目标之一是培养学生基本的信息能力，获取符合信息时代需要的各类知识。人是有个性，能自主学习、自主发展的。教师应该尊重学习者的差异性，提升学生的主体性。校本课程开发从时代需求和学生特点出发，开设适应社会需要、适应不同学生发展的多样化课程，调动学习积极性，发挥学习主动性，培养学生的创新意识和创新能力，引导学生自主地解决问题。

3. 能够提高教师专业水平

国家课程通常由专家设计、编定，教师只是课程的被动消费者，如果教师不能很好地领悟课程设计者的意图，课程实施就难以达到预期的效果。教师作为课程的实施者，对学生的兴趣、能力、需求最了解，课程开发应该成为教师工作的一部分。校本课程开发赋予了教师一定的自主权，为教师发挥创造性提供了机会，充分调动了教师参与课程开发的积极性。在课程开发过程中，教师个人不断研究、实践，教师集体互相合作交流，有助于教师课程意识的增强、专业水平和科研能力的提高，促进国家课程和地方课程的实施。

（二）英语校本课程开发的障碍

校本课程开发和利用无疑是一件好事，对于英语教学很有价值。但是当前我国在校本课程开发和利用中还存在许多不利因素，主要表现有三：

1. 学校资源不足

每一所学校有着不同的人力、物力和财力资源，如何利用现有的资源满足学生的需要是一件重要而又比较困难的事情。校本课程开发除了需要学校内部领导与教师的沟通及学校与家长、社区的沟通外，还需要一定的设施和设备，以满足学生对校本课程的需要。

2. 传统的教学观念根深蒂固

长期以来，我国英语教学一直是唯教科书至上，教师讲解教科书，学生学习教科书。学生习惯于被动地接受知识，教师习惯于照本宣科。如果要教师离开教科书编写英语教材、设计教学内容及有关活动，一是时间精力不够，二是教师担心出错，给学生造成不良影响。

3. 教师缺乏足够的培训

教师的素质决定着课程开发的程度和质量。校本课程的开发给学校和教师提出了很高的要求。教师要转变教育观念，提高专业素质和教学能力，需要接受系统、连续的校本培训。课程开发不是短期内能轻易完成的，一些流动教师难以真正地参与校本课程的编制、实施、评价和修订，这势必会影响校本课程的质量和连续性。校本课程开发和利用需要学校提供额外的人力、物力和财力，教育资源的耗费高于实施国家课程的需求。

（三）英语校本课程开发的建议

1. 要发挥教师在校本课程开发中的主体作用

在教学过程中，最了解学生的是教师，教师可以根据学生的需要来调整和设计教学活动。学生也最容易接受教师制定的课程。课程开发之前，教师要调查了解学生的现有状况，把握学生个性发展的需要，挖掘本地区、本学校的课程资源，收集相关资料，建立一个资料库，以备利用。课程开发和利用中，教师要利用集体智慧，对课程方案不断进行调整。课程开发之后，还是教师实施课程的具体内容，以确定课程的可行性和不足。因此，教师理所当然是校本课程开发的主体，应该发挥教师的主体作用。为此，我们认为：

（1）要根除教师的传统教学观念，帮助教师树立新的教学观念。这是充分发挥教师主体作用的前提条件。现代教育不是选择适合教育的儿童，而是选择适合儿童的教育。

教育的目标是培养学生的创新精神和实践能力，促进每位学生健康发展，培养学生终身学习的能力，要让教师相信人人有特长，人人能成才，一切都是为了每位学生的发展。

（2）要提高教师的课程决策能力，培养教研合一的新型教师。传统的教学理论中，教师无须也无权过问课程的编订，教师只是既定课程的传递者和阐述者。校本课程的开发需要给予教师足够的课程决策权利，发挥教师的积极性和创造性，促进课程建设的科学决策和实施。

（3）要建立多元评价体制，促进学校评价合理发展。校本课程开发在我国才刚刚起步，许多教师和学校对此感到陌生，不知所措。每一位参与课程开发的人员也只是摸着石头过河，有可能成功也有可能失败。为此，我们应该建立多元的评价机制，不以成败论英雄，鼓励每一位教师身体力行地参与校本课程开发和实施。当然，为使工作进展顺利，教师们应当与专家学者加强联系，建立合作关系。

2.教师应充分挖掘和利用周围的课程资源

（1）不仅要在思想上突破教材是唯一的课程资源的观念，而且要在实际行动中去寻找有利的课程资源，并将它们用于课堂教学，如复印一些商品的英语使用说明等，让学生了解一些应用型的文体，等等。

（2）经常深入学生中进行调查，发挥师生双方的主动性和积极性，不断地对课堂教学内容、方式进行改进。教师在教授基础知识的同时，给予每位学生参与实践的机会，提高学生的英语应用能力。

五、英语教师

英语教师本身就是一种重要的英语课程资源，因为英语教师具有的知识、经验和专业技能是课程活动的重要素材，教师的水平决定了教师资源的品质。优秀的教师能够有意识地根据学校课程开发和实施的需要建设课程资源。教师既具有素材性资源的性质，又具有条件性资源的性质，在课程资源的开发利用中起着决定性作用。所以，学校要发挥教师的积极性，鼓励学校教师收集整理一些隐含着教育因素的课程资源，并按照课程标准的要求和学校教学目标对其进行加工，形成课程内容。

六、学生

学生的经验水平、知识状况、思想意识、身体发展、情感态度等都是课程活动最基本的资源。学生的学校活动为学校积累着课程文化资源，学生的学习成果是教师教学活动的重要资源，是教师研究的资源对象，也是学生自己进行学习反馈的依据。所以，学校应该将学生作为重要的英语新课程资源，重视课程资源开发中学生的参与。学校应该鼓励和支持学生参与课程资源的开发，可以组织学生建立班级英语图书角或图书柜；鼓励学生制作班级英语小报或墙报；鼓励学生进行英语学习交流。

第三节 基础英语课程优化的理念

英语作为重要的信息载体之一，已成为人类生活各个领域中使用最广泛的语言之一，随着社会生活的信息化和经济的全球化，英语的重要性日益突出。许多国家在基础教育发展战略中，都把英语教育作为公民素质教育的重要组成部分，并将其摆在突出地位。改革开放以来，我国的英语教育规模不断扩大，教育教学取得了显著成就。然而，英语教育的现状尚不能适应我国经济建设和社会发展的需要，与时代发展的要求还存在差距。

因此，教育部门根据《基础教育课程改革纲要（试行）》的精神，结合英语学科自身的特点，制定了英语课程优化标准。此次英语新课程改革的重点就是要改变英语课程过分重视语法和词汇知识的讲解与传授，忽视对学生实际语言运用能力培养的倾向，强调课程从学生的学习兴趣、生活经验和认知水平出发，倡导体验、实践、参与、合作与交流的学习方式和任务型的教学途径，发展学生的综合语言运用能力，使语言学习的过程成为学生形成积极的情感态度、主动思维、大胆实践、提高跨文化意识和形成自主学习能力的过程。它包含了以下基本理念：

一、面向全体学生

英语课程是基础教育阶段课程的重要组成部分。因此，英语课程优化要面向全体学生，帮助学生打好语言基础，为他们的终身学习和发展创造条件，并使他们具备作为21世纪公民所应有的基本英语素养。英语课程优化应根据学生认知特点和学习发展需要，在进一步发展学生基本语言运用能力的同时，着重提高学生用英语获取信息、处理信息、分析和解决问题的能力；逐步培养学生用英语进行思维和表达的能力；为学生进一步学习和发展创造必要的条件。

二、突出学生主体

学生的发展是英语课程优化的出发点和归宿。英语新课程优化在目标设定、教学过程、课程评价和教学资源的开发等方面都突出了以学生为主体的思想。课程实施成为学生在教师指导下构建知识、提高技能、磨砺意志、活跃思维、展示个性、发展心智和拓宽视野的过程。

三、倡导体验参与

英语新课程的设计与实施应有利于学生优化英语学习方式，使他们通过观察、体验、探究等积极主动的学习方式，充分发挥自己的学习潜能，形成有效的学习策略，提高自主学习能力。学生主动参与学习过程，体验教学情境，能够增强学生学习英语的热情和效率。

四、关注学生情感

英语课程优化关注学生的情感，使学生在英语学习的过程中，提高独立思考和判断的能力，发展与人沟通和合作的能力，增进跨文化理解和跨文化交际的能力，树立正确的人生观、世界观和价值观，增强社会责任感，全面提高人文素养。

五、注重过程评价

在英语教学中应注重过程评价，关注培养和激发学生学习的积极性和自信心，促进学生综合运用语言能力和健康人格的发展；促进教师不断提高教育教学水平；促进英语课程的不断发展与完善。

第四节　基础英语课程的目标体系优化

根据学生认知能力发展的特点和学业发展的需求，英语新课程强调在进一步发展学生综合语言运用能力的基础上，着重提高学生运用英语获取信息、处理信息、分析问题和解决问题的能力，提高学生运用英语进行思维和表达的能力，形成跨文化交际的意识和基本的跨文化交际能力；进一步拓宽国际视野，增强爱国主义精神和民族使命感，形成健康的情感、态度、价值观，为未来发展和终身学习奠定良好的基础。

按照基础教育阶段英语教学的要求，英语课程优化在语言技能、语言知识、学习策略、情感态度和文化意识五个方面分别有不同的目标和要求。

一、语言技能

语言技能包括听、说、读、写四项基本技能，其中听和读是知识的输入技能，而读和写是思想的输出技能。听、说、读、写是人类运用语言进行交际活动的主要形式，是人们获取知识、交流思想的重要途径。在语言技能方面的具体要求有：

第一是协调发展。从英语教学的整个过程来看，听、说、读、写四项技能必须综合训练，协调发展。听、说、读、写是统一的整体，它们的关系是紧密相连、相辅相成、互相促进的。在语言学习过程中，听是分辨和理解别人话语的能力；说是运用话语进行口头交际的能力；读是人们从书面材料获取知识的能力；写是运用文字符号表达思想的能力。从教学实际来看，人们往往将听说合在一起教学，将读写连在一起教学。近几十年语言习得理论研究表明：现代外语教学在处理听、说、读、写这四种语言技能的关系时应当遵循"听说先行，读写跟上"的原则。

（一）听说先行

听说属口语，读写属于书面语。语言首先是话语，文字则是记录话语的一种书面形式，所以口语是第一性的，文字是第二性的。就掌握语言的过程来看，人们总是先掌握其口头形式，然后再掌握书面形式。学习英语，先听说，后读写，这个学习规律是不可违背的。听说训练，容易使学生学习地道的语音、语调。听说训练易于反复操练，易于发现和改正学生的错误，易于使学生养成良好的听说习惯。听说训练要求反应迅速，不容过多思考，这有助于培养学生用英语思维的能力和直接运用英语的能力。同时，听说训练使学生的注意力高度集中，随时处于积极的学习状态，这有利于提高课堂教学质量。

（二）读写跟上

在英语教学中，读和写是紧密相连的。读是写的基础，读可为写提供语言、内容和典范，"读书破万卷，下笔若有神"便是这个道理。写可促进学生对词形的辨认，从而有利于提高阅读速度。写作经验丰富，有助于阅读中的理解、欣赏和吸收，有助于提高阅读能力。

教师在阅读教学中，要正确处理出声的朗读和不出声的默读两种形式。朗读就是运用重音、节奏、语调等语音手段把语言材料中的思想感情表达出来。流畅的朗读不仅有助于培养学生的阅读能力，也有助于提高其口语表达能力。默读是借助视觉进行的阅读。在阅读过程中要培养学生从上下文中猜测词义和词性、寻找主题句和判断、归纳文章大意等阅读技巧，这样才能达到阅读的目的。在写的训练中，教师要根据新课程标准对学生的写作要求来设计自己的训练计划。教师应采取循序渐进、逐步提高的原则。在训练形式上，由听写、仿写、改写到造句、写短文，由简到繁，由易到难。

听、说、读、写综合训练要贯穿英语教学的全过程，但不同阶段应有所侧重。随着学生年龄的增长，英语水平的提高，以及英语教学诸多因素的变化，自然地呈现出不同的教学阶段。教师必须认识到各个不同阶段的特点，对学生在不同阶段听、说、读、写的训练要求应有所不同。

二、语言知识

在英语教学中，语言知识是指语音、词汇、语法、功能和话题等方面的规则、定义、概念和用法等。英语既要培养学生的言语能力，又要教给学生必要的语音、词汇和语法知识。要掌握语言基本知识，提高语言技能，就要做到如下三点：

第一，发挥英语的交际功能。英语是一种交际工具，英语教学的目的就是要培养学生运用这种交际工具的能力。要培养学生的交际能力，教师的教学活动要力争做到英语课堂教学交际化。在进行语言操练时，教师不仅要多给学生一些开口的机会，还应尽量利用教具，创造适当的情境，用英语作交际性的、真实的或逼真的演习，鼓励学生在说英语时带有表情，并伴随手势、动作等。这样学生不仅学得有兴趣、有成效，而且能真正学会运用英语。

第二，强调语言学习的全面性。在教学中，教师要把语言知识的教学和语言技能的培养结合起来。语言知识的教学和语言技能的培养要同时进行、相互融合。学生应边学边练，学练结合，以学带练，达到既学会知识又学会运用的目的。为了使学生能够把所学的语言知识转换为听、说、读、写的技能，教师在课堂上应当设计和安排大量模拟的或接近真实的语言掌握和发展综合运用语言的活动。

第三，训练方式多样化。在教学中，教师要把机械操练、有意义操练和交际性操练结合起来。机械操练是指模仿、记忆和反复进行的练习，如记单词、句型操练等；有意义操练一般是指活用性的练习，如围绕课文或所给情境进行的模仿、问答、对话、造句、复述等练习；交际性操练指用语言表达思想的练习，如联系自己的生活实际，利用课文中的词句叙述自己的思想，谈论学习课文的体会、自由对话、问候、打招呼等。这几种练习，一种比一种更接近语言交际，要求也不断提高。教师在教学过程中应灵活运用这三种操练方式，为学生语言能力的提高服务。

三、情感态度

情感态度指兴趣、动机、自信、意志和合作精神等影响学生学习过程和学习效果的相关因素，以及在学习过程中逐渐形成的爱国意识和国际视野。情感是人对现实世界各种事务所抱的不同态度和不同体验。情感对个性心理特征和行为动机都有较大影响，是影响学习者学习行为和学习效果的重要因素。

英语课程优化强调在英语教学中要尊重、理解学生和进行良好品质的培养；强调利用影响学生的情感来培养学生的学习兴趣，增强学习动机，调整学习态度，树立自信心，锻炼意志力。我们应该看到，情感教育在我国英语教育阶段尤其在应试教育的大环境下，历来是一个薄弱环节。许多教师在抓英语教学时，注重的是学生语言知识的学习和智力的发展，而忽视了学生情感的发展。因此在英语教学中我们要把情感因素和认知因素有机结合起来，以情感为重点，促进语言认知能力的提高，这样才能达到大面积提高英语教学效果的目的。

情感态度与语言有着千丝万缕的联系，在很多方面直接或间接影响语言学习，对外语学习的影响则更加明显。积极向上的情感、活泼开朗的个性有助于学生积极参加语言学习活动，获得更多的学习机会；强烈的学习动机、浓厚的学习兴趣和大胆实践的精神有利于学生提高学习效果；坚强的意识和较强的自信心有助于学生克服英语学习中遇到的困难。相反，很多消极的情感态度则影响语言学习。害羞和过于内向不利于学生积极参与学习活动；过度焦虑和胆怯心理不利于学生大胆地展现自己的语言知识和语言技能。

为了培养学生积极的情感态度，教师应该注意：

（1）激发学生学习动机。动机是给学习者提供动力和指引方向的一系列心理因素。早期的研究把英语学习动机分为外在动机（工具型动机）和内在动机（融合型动机）。如果学习英语是为了实际需要就是一种外在动机；如果学习英语是满足自己的兴趣和爱好就是一种内在动机。英语教学应尽量培养学生的内在动机。

（2）形成和谐的师生关系。为了了解学生的情感态度，帮助他们培养积极情感，克服消极情感，教师要和学生建立和谐的关系。

（3）因材施教。教师对学生的英语学习，首先应该积极、正面引导，对学生真诚关心、热情鼓励、认真指导及耐心帮助。对那些开口慢、胆怯害羞的学生，不能用命令、讥讽甚至谩骂的方式强迫他们开口，相反，应当耐心地诱导和期待。教师要针对不同学习者的生理心理特点、学习兴趣和现有英语水平，采用不同的教学形式和教学方法，尽可能去适应和满足每个学生的要求，把英语课堂变成学生喜欢并向往的语言学习和活动场所。

（4）教师反思。在英语教学过程中，教师应当经常进行反思，思考自己已经采用的和将要采用的教学方法和活动方式是否能够得到学生喜欢；是否使某些学生产生焦虑、抑制等负面情感；是否超出了学生的情感范围等。

四、学习策略

英语学习策略是学生有效学习语言和使用语言而采取的各种行动和步骤。英语学习策略包括认知策略、调控策略、交际策略和资源策略等。认知策略是指学生为了完成具体学习任务而采取的步骤和方法；调控策略是指学生计划、实施、评价学习过程或学习结果的策略；交际策略是指学生为了争取更多的交际机会、维持交际及提高交际效果而采取的各种策略；资源策略是指学生合理并有效地利用多种媒体进行学习和运用英语的策略。

学习策略是灵活多样的，策略的使用因人、因时、因事而异。在英语教学中，教师要有意识地帮助学生形成适合自己的学习策略。

（一）确立目标

教师在培养学生形成学习策略的过程中，应让学生明确阶段学习目标是什么，在听、说、读、写诸方面向学生提出具体要求，让学生朝这个目标主动发展，有意识地依据目标制订学习计划、进行实践及评价自己的学习过程与结果。教师应就每学期、每学年乃至整个阶段给学生提出合理的、有挑战性的目标，并要求学生根据教师提出的要求来制订计划。教师要求学生课堂上时刻保持高度的注意力，主动参与分析、推理、归纳等认知过程；主动寻找或创造机会，进行语言交际训练；主动做好预习、复习工作；主动拓展与语言学习有关的知识。

（二）全面发展

心理学家曾对两组持不同学习策略的学生作了比较：一组学生学习勤奋，但很少提出问题，很少与别人讨论，更缺少所学语言国家的文化背景知识。而另一组学生接受了交际、资源策略的培养，在学习中能提出问题，在独立思考的基础上常与同学展开讨论、与他人合作学习。比较结果发现第二组学生学习语言的效果要好于第一组学生。因此，教师应帮助学生养成全面发展的学习策略，任何一种学习策略的掌握不足，都将给学生的学习带来障碍。

（三）发展听、说、读、写的策略

在听的方面，学生要养成在听的过程中快速摘记重要信息的习惯，善于抓住文章脉络，捕捉有用信息；注意语言在不同社会场合的使用；注意日常生活中大量使用的习语、俚语和俗语；注意不同民族的文化差异；注意模仿各种人物的交际方式和语言表达方式。在说的方面，应积极参与课堂讨论，对自己的言语实行监控；不仅关心语言和语言的表面形式，还注意语言形式在不同社交场合中的意义；注意捕捉对方的有用信息，运用自己已学过的语言知识发展对话；注意别人的发言，特别注意他人表达时所用的精彩片段，用简单扼要的几个句子在心里将他人的发言加以概括或提炼，内化成自己的东西。在读的方面，学生要根据标题，预测篇章内容；找出文章的中心词、例证和结论，理清文章脉络，划分段落并弄清逻辑关系，归纳中心思想；根据上下文猜词解意，对关键词运用工具书理解其意；调节阅读速度，避免回视。在写的方面，学生要练听和练写相结合，练说和练写相结合，阅读和写作相结合，随笔和精练相结合。

五、文化意识

人们学习语言是为了进行交际，而交际是要受到文化制约的。长期以来，英语教师对此重视不够，教学中常常只是语言教学，即一味传授语音、词汇、语法知识，致使学生在实际跨文化交际中由于不了解英美国家的文化，常常犯文化错误（即大多数以英语为母语的人觉得不合适或者不能接受的言语行为）。语言学家沃尔森说过：在与外国人的接触当中，讲本族语的人一般能容忍语音或语法错误，相反，对于讲话规则的违反常被认为是没有礼貌的，因为本族人不会认识到社会语言学的相对性。也就是说，如果违背了非本族语国家的文化习俗，就会冒犯对方，甚至引起文化冲突，造成双方感情上的不愉快。例如，"龙"（dragon）在中国的文化中是一种神圣不可抗拒之物，它象征着皇帝的权力。而在西方文化中，"dragon"却是怪物的代名词。如果说话者不了解这一点，就容易产生笑话。

因此，教师应不断引导学生自觉地了解英美国家的文化，通过各种途径培养学生对英美文化的敏感性和洞察力，在增强语感的同时，提高其对英美文化的感悟。教师还要把英语语言教学置于跨文化交际的环境之中，抓住文体障碍、误解和冲突的焦点，有针对性地培养学生正确得体的跨文化交际能力，把跨文化交际列为英语教学的一个重要目标，这样，英语教学才不失其完整性。

第五节 基础英语课程优化与英语教师智能结构的建构

从英语新课程的基本特点我们可以看出，这次英语课程优化是一次全方位的变革，它反映了英语教育工作者长期对英语教育理想的追求。但它毕竟是一种理想的英语课程，如何使这种理想的课程变成现实的课程，关键在于我们英语教师的理念、素质、水平和能力。教师是课程改革的关键性因素的观点，已越来越引起人们的关注。因为没有教师的生命质量的提升，就很难有高的教育质量；没有教师精神的解放，就很难有学生精神的解放；没有教师的主动发展，就很难有学生的主动发展；没有教师的教育创造，就很难有学生的创造精神。因此，英语教师要勇于面对新课程的挑战，积极主动参与英语课程优化，转变观念，努力建构与英语课程优化发展要求相适应的智能结构。

一、智能结构的组成要素

过去谈教师素质，我们较多强调的是教师应具备什么样的知识结构，且主要局限于"学科知识＋教育学知识"这种传统模式。掌握一定的学科知识和具有传授这些知识的能力和方法，成为衡量一个教师是否成为教师的重要条件。把教育的功能狭窄地定位在传道、授业、解惑上面，知识的传递成了教育的终极目标。而现代教师的智能结构，指的是一种以特定专业的任务为依据的，由广博深厚的知识基础、协调发展的智力和能力及生机勃勃的创新精神有机结合的立体式、开放式结构，它具体由知识结构、智力结构和能力结构三个要素组成。

（一）知识结构

1. 本体性知识

所谓本体性知识就是教师所教的学科专业知识。一个教师从事英语学科的教学，英语学科专业知识就是其本体性知识，也是其胜任教学工作的基础性知识。教师必须准确理解本学科的基础知识、熟练掌握相关的技能技巧，只有在此基础之上他才有精力去设计课堂教学活动，把关注点更多地放在学生及整个教学的进展状态上，而不是关注自己是否把知识讲错或把习题做错。作为一个英语教师，要掌握好英语的语音、词汇和语法等基础知识并具有精湛的听说读写等基本技能。高中英语教师除了能开设必修课外，还要为学有余力的学生开设选修课程。在这些领域里，教师的知识越渊博越好，但仅有渊博的知识，尚不足以从事好基础教育中的英语教学工作。

2. 支持性知识

所谓支持性知识主要指为学科专业知识的教学工作提供支持和支撑作用的知识，包括马克思主义哲学，古今中外的科学思想论，广博的横向知识及系统的教育教学理论知识等。过去，许多教师由于没有重视哲学和科学方法论的掌握，从而导致自己哲学思想的贫乏和思维方法不当。联想到对英语教学中很多问题的讨论，有相当一部分人表现得偏激且过头、缺乏分寸感，不能守"度"，例如，一提到"培养学生的综合语言运用能力"，就有人说："那语法还用不用教？"；一提到任务型语言教学，就有人说"你只倡导任务型语言教学，那其他的方法还用不用？"一提到"自主学习、合作学习和探究学习"，便有人对接受式学习诚惶诚恐，对教师的主导作用持排斥态度，甚至硬性规定教师一节课最多只能讲几分钟等。分析这种极端的做法，形成的主要原因是缺乏辩证思维和科学的思维方法。改革是要以弘扬优良学习传统为基础，在继承中创新，在改革中"扬弃"。因此，在这次课程改革中，教师应在重建自己的知识结构时补修哲学这一课，切实掌握好这个"度"，而这个"度"的正确掌握意味着一个教师在从幼稚走向成熟。因为守"度"从来就不是人生小技巧，而是人生的大智慧。

广博的横向知识指跨学科、跨领域的基本知识，也就是指有关科学和人文两方面的基础知识。青少年充满好奇心和求知欲，他们随时会向老师提出各种各样的问题，而一个知识渊博的教师能进一步激发学生的学习欲望。很难想象，一个对科学和人文知识异常匮乏的教师能够给学生施加积极的影响。另一方面，由于互联网络的飞速发展，学生获取信息的渠道多元化，学生在许多方面拥有的知识甚至会超过某些教师。但他们有成长中的烦恼，有各种各样的矛盾冲突，他们希望和老师一起分享、一起沟通。如果教师缺乏广博的知识和与学生有共同的语言，要想做到这一点将是异常困难的。

系统的教育教学理论知识主要由帮助教师认识教育对象、教育教学活动和开展教育研究的专门知识构成。具体来说，指对教育的对象——人的认识，教育哲理的形成、管理策略、教育教学活动的设计、方法的选择、教学评价、现代教育技术手段的运用及如何开展教育科学研究等。它能为英语教师的教学行为提供基本的理性支点。面对新课程，教师除了要认识到自己在课程改革中的作用之外，必须要对课程的基本理念有所了解。唯有如此，教师才能在思想上全面把握改革思路，在实践中全面贯彻改革精神；才能够在认识基础教育的未来性、生命性和社会性的基础上，形成新的教育观、学生观和教育活动观。《基础教育课程改革纲要（试行）》、英语学科课程标准及其解读是每个教师的必读材料。教学法方面的知识包括一般教学法知识和学科教学法知识。一般教学法知识的学习和掌握关键在于如何在实际的教学过程中灵活运用。英语教学法方面的知识除包含有外语（第二语言）教学的理论，如语言本质理论、外语（第二语言）学习理论、习得理论等外，它还具有很强的实践性，即能够运用语言教学的理论，选择符合语言教学规律的教学方法来进行英语的语音、词汇、语法、文化等的教学。

3. 实践性知识

它是指向教学行动、与教学实践紧密结合的一种知识形态。有用的教学常规，典型的教学和管理方面的案例，对课堂中突发事件的处理方法等都是教师的实践性知识。实践性知识与其他知识相比有如下几个特征：第一，行动性，而非理性，理论提供的只是方向，而不是具体的行动方案；实践性知识必须根据具体的教学情景在完成任务的过程中来获得，简单地说就是"做中学"；第二，经验性，而非普遍规律；第三，情景化和个体性，而非大众化，当教育理论知识向具体的教学情景转化以后，这种知识就带有个人的价值、情感和审美等特征，常常具有不可言传、只可意会的特点；实践性知识在教师的知识结构中占有重要位置。顾泠沅曾比较过职初教师、有经验的教师与专家教师的知识结构，他发现在专家型教师的知识结构中实践性知识的占有是其成为专家的重要原因。随着教师的成长，实践性知识在教师知识结构中占有越来越重要的位置。

（二）智力结构

教师的智力结构包括观察力、注意力、记忆力、思维力、想象力和判断力。重点是要发展教师的思维力，尤其是反思性思维能力。

培养教师的反思性思维能力十分重要，是因为它能有意识地调控教师自己的教学行为，减少因思维定式而形成的有些错误的实践性知识。波斯纳提出了一个教师成长公式：经验＋反思＝成长。他还指出，没有反思的经验是狭隘的经验，至多只能形成肤浅的知识。如果教师仅仅满足于获得经验而不对经验进行深入思考，那么他的发展将大受限制。

（三）能力结构

教师的能力结构主要包括教育教学能力、教育科研能力和人际交往能力。过去我们强调得比较多的是教师的教育教学能力，而教育科研能力和人际交往能力则往往被忽视。

1. 教育教学能力

指教师能根据教育教学的有关理论，在充分了解学生和研究教材的基础上，确立教学目标，规划教学过程，选择教学方法，运用教学媒体，实施组织教学，进行教学评价的能力。在教师的教育教学能力中，值得强调的是教师的管理能力。管理不仅仅是一种方法，更重要的是教师能够按教育目的规划教育活动的决策与设计能力。同时，对教师来说，更要使管理本身成为一种教育的力量，让学生学会自己管理自己，在管理的过程中锻炼自己、培养自己与他人合作的能力。教师具备了这样一种管理能力，就不会把学生仅仅当成被管理的对象，把他们管死，而是给学生自己锻炼的机会和成长的空间。

2. 教育科研能力

指研究学生及英语教育教学实践的能力，教师的研究能力主要表现在英语教师对自己的教和学生的学进行反思的能力，把看似常规的教学行为"问题化"，善于发现问题，提出假设，进行试验，创造性地、系统地去解决问题，从而不断改进自己的教育教学工作。传统的教学比较重视教育传递知识的功能，忽视了教师工作的创造性特征，忽视了教师教育科研意识和能力的培养，致使许多教师科研意识淡薄、科研知识和能力缺乏，怀疑外语教育理论和外语教育研究的功效。由于缺乏问题意识，他们对日常教学工作没有保持敏锐感和探索的习惯，所以长期不能提高自己的专业水平及提升自己的职业水准。

3.人际交往与合作能力

即理解他人和与他人交往及合作的能力。"他人"，首先指学生，要想实施有效的教学，离不开教师与学生之间的对话、交流和精神沟通；其次，教育教学是一个系统工程，英语教学中的许多问题需要群体教师的通力合作才能解决；为了取得家长、社区和研究机构的支持，教师还需要与家长和社会有关机构人员建立有机的联系。例如：英语课程优化中评价体系的建立，就远非单个英语教师个体的力量所能完成，它需要不同部门、不同人员的相互配合，通力攻关才能完成。

二、教师智能结构重建的基本途径

（一）树立专业发展意识和终身学习的观念

树立终身学习的观念是教师专业发展的重要方面，而要做到终身学习，教师本人就必须要有专业发展的意识。只有具备自我专业发展意识的教师，才会产生内在的专业发展动力，进而获取专业发展。而且，在目前高速发展的社会中变革已成为常态，能否自觉地有意识地随时抓住发展的机遇，也已成为现时代对专业教师的一个基本要求。没有忧患意识，只满足于现状，不能做到与时俱进，最终会被时代所淘汰。有研究表明，在师范院校学习的学生，只能获得他一生担任教师所需知识的20%，另有80%的知识要在岗位上通过不断进修来获取。因此，树立教师专业发展意识，明确教师发展的智能结构，形成自我专业发展的能力，让教师自己成为专业发展的主人，对每一个教师来说都是非常重要的。

（二）不断更新个人的知识结构

由于时代不断飞速向前发展，知识老化的速度加快；同时又因为学生接受来自不同渠道的信息，思维活跃，见多识广，求知欲强，教师唯有更新知识，培养自己多方面的兴趣和爱好，才能满足不同学生的需求。第一，要加强学习哲学和教育哲学。许多英语教师对哲学的了解只是一鳞半爪，并未形成完整的思想体系。第二，要学习自然科学和社会科学知识，通过报纸、杂志、网络和书籍了解当今世界科学发展的最新动态，为自己的教育教学提供源源不断的背景支持。第三，对专业知识有高层次的追求。英语作为一门语言，人们对它的研究分得很细，有英语语言学、心理语言学、语用学、语法学、语篇分析、文体学、英语修辞学和英美文学等；英语教学既是科学，又是艺术，包括的分支有外语教学法流派、英语教育学和英语教育心理学等。从目前中小学英语课程优化的趋势看，英语教师必须要对英语语言本身及其教学艺术有较高的造诣才能适应未来的发展。

（三）做个反思性实践者

反思是教师以自己的教学活动为思考对象，对自己的教学观念、教学行为及由此所产生的结果进行审视、分析、探讨和研究的过程。反思是沟通教育理论和实践的桥梁。教师不应仅是被动接受别人的理念，无论该理念正确与否，都应该对它进行反思、研究；即使是教师本人在实践中所形成的隐性的思想、观念也应成为反思的对象。同时，反思应经常化和制度化，让自己在反思中生活和工作。在反思的内容上，教师应列出一个理想的智能结构表，对比自己目前的智能结构，看看存在的差距有多大，而后采取措施予以补正。

（四）良好教师文化的建设者

有人曾对目前校园中教师文化进行了分类研究，一种是孤立的、单独的个人主义文化，教学被认为是个体的、独立的工作，教师只关注自己的教学，与其他教师很少交流，相互之间彼此隔离。第二种是分化的文化，教师工作相互分立，相互之间为争取资源、时间等而处于相互竞争中。第三种是合作的文化，教师之间坦诚相待，互信互助，认为合作对每个人都有利，"和而不同"，对不同的观点予以宽容和理解。第四种是硬性"合作"文化，教师之间的合作是基于学校行政人员的意图和兴趣来进行，由于这种合作不是发自教师内心的行为，教师间互助效能不能得到最大化地发挥。第三种合作的文化，是我们所提倡的理想的学校文化。作为学校领导，要为合作文化的建设提供有利条件；作为教师，则要在观念上予以认同，在行动上积极参与，使自己成为一个积极向上的文化建设者。

参考文献

[1] 黄文源. 英语新课程教学模式与教学策略 [M]. 上海：上海教育出版社，2004.

[2] 潘景丽，黎茂昌，编著. 新课程中学英语教学理论与实践 [M]. 成都：四川大学出版社，2011.

[3] 乐伟国，编著. 新课程教学素材与方略小学英语 [M]. 宁波：宁波出版社，2006.

[4] 程可拉，邓妍妍，晋学军，编著. 中学英语新课程教学论 [M]. 广州：广东高等教育出版社，2007.

[5] 黎茂昌，潘景丽，编著. 新课程小学英语教学理论与实践 [M]. 成都：四川大学出版社，2011.

[6] 郑秉捷，主编. 中学英语新课程课堂教学案例 [M]. 广州：广东高等教育出版社，2003.

[7] 尹世寅，赵艳华，主编. 新课程：中学英语课堂教学如何改革与创新 [M]. 成都：四川大学出版社，2005.

[8] 高洪德，主编. 高中英语新课程理念与教学实践 [M]. 北京：商务印书馆，2005.

[9] 郭宝仙. 英语课程开发原理与实践 [M]. 上海：上海教育出版社，2015.

[10] 刘春燕. 英语产出能力与课程优化设计研究 [M]. 北京：科学出版社，2016.

[11] 戴小春，编. 英语专业课程结构优化论 [M]. 北京：北京理工大学出版社，2011.

[12] 黄胜. 新课程标准下的高中英语（必修）教材研究 [D]. 桂林：广西师范大学，2019.

[13] 尚瑞林. 新课程标准下的小学英语课程资源开发——以东胜区万佳小学为例 [D]. 呼和浩特：内蒙古师范大学，2019.

[14] 廖欣. 小学英语教师课程知识生成策略研究 [D]. 西安：陕西师范大学，2019.

[15] 常德萍. 高中校本课程英语演讲赏析的调查研究 [D]. 济南：山东师范大学，2019.

[16] 陈燕. 中等职业学校英语语音选修课程开发研究 [D]. 宁波：宁波大学，2018.

[17] 宁静. 英语新课程改革背景下初中生跨文化交际能力的调查研究 [D]. 淮北：淮

北师范大学，2018.

[18] 孙贝. 基于具身认知理论的初中英语词汇教学研究 [D]. 重庆：重庆大学，2018.

[19] 谢晓莉. 高中英语课程资源的开发及其管理 [D]. 苏州：苏州大学，2017.

[20] 侯琨. 基于学习动机理论的英语校本教材开发研究 [D]. 上海：上海师范大学，2017.

[21] 解进. 基于核心素养的课程校本化实施个案研究——以 Y 中学为例 [D]. 上海：上海师范大学，2017.

[22] 刘娟. 新课程标准下中学英语教学目标的确定 [J]. 学周刊，2020（06）：96.

[23] 贾玉琰. 新课程改革下大学英语课堂教学反思 [J]. 才智，2020（01）：136.